为　　了　　天

华艺出版社
HUA YI PUBLISHING HOUSE

作　者

↑ 在北京龙泉寺讲演

↓ 参加盂兰盆法会时和学诚法师对话

↑ 在长安佛教世纪论坛上讲话

↓ 会见以色列海法大学董事会主席里昂·查尼

↑ 与罗伯特·舒乐博士在美国水晶大教堂

→看望惟贤
法师

協辦單位：澳門大學
贊助單位：澳門基金會
鳴　　　謝：澳門特別行政區政府旅

→主持首届文明对话
暨论坛

↓在第二届世界佛教论坛上

↑ 与"世界文明日高层论坛座谈会"参会者合影

→ 在第二届世界佛教论坛上讲话

←在长安佛教世
纪论坛上讲话

→在首届文明对话
暨论坛上

←与罗伯特·舒乐
博士对话

↑ 会见美国哈盖伊学会主席约翰·哈盖伊先生一行

↓ 为西安大慈恩寺大雄宝殿剪彩

文

明

对

话

录

许嘉璐／著

为了天下太平

華藝出版社
HUA YI PUBLISHING HOUSE

图书在版编目（CIP）数据

为了天下太平：文明对话录 / 许嘉璐著.—北京：华艺出版社，2010.9
ISBN 978 - 7 - 80252 - 289 - 3

Ⅰ.①为…　Ⅱ.①许…　Ⅲ.①世界史：文化史－文集　Ⅳ.①K103-53

中国版本图书馆CIP数据核字（2010）第 185511 号

为了天下太平——文明对话录

作　　者：许嘉璐
责任编辑：宋福江
装帧设计：水晶方设计工作室
出版发行：华艺出版社
社　　址：北京北四环中路 229 号海泰大厦 10 层
邮　　编：100083
电　　话：010 - 82885151 - 222；82885023
E－mail：fujiang_song18@sina.com
印　　刷：北京顺义兴华印刷厂
开　　本：787×1092　1/16
字　　数：100千字
印　　张：12.75
印　　数：10000册
版　　次：2010年 9 月第 1 版第 1 次印刷
书　　号：ISBN 978 - 7 - 80252 - 289 - 3
定　　价：58.00元

目　录

长期的博弈 伟大的责任

——在联合国世界文明对话日高层座谈会上的讲话

（2010年5月17日，北京东方花园饭店）

一、不同文明间的对话，是当前世界文明一元化和多元化两种主张和趋向之间博弈的产物。

各种文明都要走向世界，自古已然。就我们熟知的自己的事情而言，印度佛教传入中国，中国和中亚合力打造了丝绸之路，中国和波斯商人开辟了海上丝绸之路，郑和七下西洋等等即是；在西方，伊斯兰向西伸展，十字军东征，哥伦布发现新大陆等等也属此类。那时的不同文明对话，只是局部的，线性的，自发的，主要的形式是贸易、传教和战争。工业革命以后，各种文明走向世界的力度加大了，例如十八、十九世纪欧洲自视为世界中心，"殖民运动"夹裹着基督福音向世界各地强行撒播和渗透；延至二十世纪，美国接替了欧洲"世界中心"的角色，继续推行世界文明的一元化。二百多年来，弱势国家和地区只能不自愿地、被迫地承受着自己的传统被扼杀、鄙弃、遗忘的残酷现实，当然，文明一元化在实施强大压力的同时，也自然孕育并激发出坚持传统、抵制文明移植的巨大力量。从上个世纪末起，一元化的趋向在一定程度上开始被文明多元化的呼声减速了。遍布全世界呼唤多元化的声音，是由西方发起的经济全球化和科技现代化的强大趋势辩证地催生的。物极必反，当推行一元化的力度接近极致时，它的对立面就要出现了。迄今，人类文明一元化和多元化的博弈还在激烈地进行，但是已经不再是东西之争，强弱之争，而是垄断资本和人类良知之争，政客和学界之争，正确和谬误之争。

人类的文明从其发生之时起，就是多元的；多元之间的接触、碰撞、妥协和相互吸收是各种文明进步的巨大动力——多元是文明自身的天性。但是，潜在于人民意识中的对多元文明的需求以及学界一波又一波的论证、呼吁、抗争，在现实中，其力量至今仍是微弱的。人类要达到彻底摆脱二百多年的桎梏，消除忘却民族智慧、失去自我、无所适从、灵魂空荡之苦，将是个极其漫长、复杂的过程。人民是文明的创造者，是文明多元化最有力的推动者，是历史的主人。智者的言论可以作用于人心。只要真正渴望人类和谐的人们坚持不懈地奋斗下去，世界一定会有不同文明和谐共存共荣的一天。

二、不同文明之间的对话是人类和平幸福的必要条件，但并非充足条件。人民及其精英间的对话只是善良的人们对抵消、制约当前这一不同文明间极不平衡状况的努力。资本主义永无止境的贪婪、"自由市场"的纵容、垄断者二百多年来所把持的世界天平倾斜的惯性以及无知与偏见，是文明多元化和人类和平破坏力的最主要根源。或者可以说，在今天，不同文明间的对话是人类良知、人性之善的体现，而妄自尊大、以我为准、君临天下、排除异类，从其本质上看则是人性之恶的体现；唤醒人类古老的愿望和睿智、解剖当下、尽力运用人类幸福和平的必要条件以达到强有力地遏制乃至消除邪恶，为人类幸福和平准备充足条件，则是进行不同文明对话的职责。

三、从人类社会发展史和思想史所揭示的规律看，如果能够超越意识形态和国家、民族、地区、社群之间在物质利益方面的矛盾这一狭小的视野——这当然不能

妨碍了人类共同追求的正义和平等的原则——来审视当代世界的特征。那么，所有的国家、民族、地区和社群，也就是全人类，不管是发达国家还是发展中国家，霸权国家还是后殖民国家，也不管是富豪还是贫民、强势群体还是弱势群体，所面临的困惑和痛苦有着相当的一致性。工业化极大地扩大了人类的视野和知识范围，极大地提高了人们物质生活的便利和质量，但是它造成了人与自然的对立，人与人、人群与人群的对立，人身与人心的对立，现在与未来的对立，现象和本质的对立。可以这样说，这些对立凝聚成了这样两个很少有人思考，但却极为现实的问题中：什么是幸福？人类将走向什么样的终点？现实中的种种对立在生活中就体现为科技发展的加速度、追求财富的欲望之不可节制与人的心灵需要一定的沉静和信仰、人类不仅需要物质更需要自我认识的精神之间的尖锐矛盾。这一矛盾所引起的人之个体和群体精神的迷茫，仇恨的莫名，社会的断裂，危机的频发，已经向人类显示了可怕的未来。因此，不同文明间的对话，不应该只是被文明一元化所折磨的弱势国家、民族、地区和社群的需要，其实也是发达国家、霸权者、富豪和强势群体的内在需求，虽然他/它们未必真正认识到了这一点。获得不同文明对话成果之益的，将是整个人类。这正是中华文明里天下为一体的理念所早已反复论证并为历史所证明了的真理。

四、已经逐步被论证为谬论的欧洲中心论，至今仍然阻碍着不同文明间的对话和交流。除了少数寡头的利益驱使外，还有以下原因：

一是西方故步自封、傲视他人已久，放下身段主动地、虚心地去了解、理解和吸收他人的文明是极其痛苦的事。犹如一身坚硬的铠甲紧裹在身，解下也难。

二是这种心理惯性在学术上的反映，即在西方的图书市场上鲜有他国著作的译本，美国是其尤者。虽然时有介绍外国情况的著作摆出来，也属凤毛麟角，其中有相当比例还是并不准确的对他人的解读。另一方面，西方之外的国家译为西方文字（特别是英文）的力量薄弱，或者是重视不够。这在中国可能更为明显。因此，对话所需要的知识和物质基础极其薄弱。要改变这一不平衡状况也不是短时间里能够奏效的。

三是在西方了解中国、与中华文明对话方面，西方早已存在的、中国古代典籍的译本和介绍中国的著作，至今还有相当的权威性和影响力，但大多为当年传教士所著所译。其中，有的是以基督教的理念进行比附（西方学者有人称之为"新格义"），这样就歪曲了中国，形成误导。这就像是在坚硬的铠甲上又上了一把锁，成了现在准确介绍中国、与中国对话的巨大障碍。现在，我们与西方对话不得不从中华文明的A、B、C说起，而我们在这方面的人才、著作的准备犹有不足。

五、中华文明在世界不同文明对话中应该而且必然有所作为，有所贡献。这是因为，中华民族一向以极大的包容、注重和谐、酷爱和平著称；我们有着保证了中华民族独树一帜地保持几千年一统和稳定的文明因素和丰富经验。中华文明的内涵，的确有许多可以作为其他文明的参考，用来补充、纠正、制衡现在统治着全人类的西方文明，以便人类在未来共同创造出能够真正促进自身进步，保障地球安宁与和谐的新文明。例如中华文明把对道德伦理的无止境的提升作为最高的追求；视自身为宇宙的一员，以"我"与"他"为同体，提倡体现无疆大爱的"仁"；虽然自古没有形成崇拜人格神的全民宗教，但是仍然有所敬畏，"畏天命、畏大人、畏圣人之言"；等等。

现在中华文明正在参与不同文明的对话，但是，毋庸讳言，我们并没有做好应有的准备。一是我们对自己的遗产生疏了，纯学术化了，需要接续上，使之生活化，这既需要把过去在泼洗澡水的同时扔掉的娃娃再抱回来，更需要在前人的肩膀上继续攀登；二是我们对自己的认识至今基本上还停留在自省的阶段，在地球变小，需要其他文明了解我们的时候，还需要一块多面镜，做多角度的自我审视，也就是需要参考其他文明是如何观察我们的，这就需要补课；三是随此而来的，需要把中华文明放到全人类文明的发展史和现实存在的大环境中深度思索我们的未来，在这方面我们也还有许多事情要做。

诚如现在人们常说的，中国需要世界，世界需要中国。对前者，懂得其道理的人多，对后者，则相对少得多，而且更多的是从世界需要我们的物质产品着眼的。不同文明之间的对话，绝不只是知识精英间的交往和交流；如果没有各方成千上万人民群众的参与，其效果将永远是很有限的。似乎可以这样说：当中华民族的大部分人都明白了这个道理，并尽己所能做出实际成绩时，中华民族对世界的贡献就更大了，中华民族也才真正的强大了。

（原文部分刊载于2010年7月1日《光明日报》国学版）

沟通与友谊①

——在美国水晶大教堂②礼拜仪式上的讲话

（2009年1月10日，美国洛杉矶）

尊敬的舒乐博士③，尊敬的来宾，女士们，先生们：

非常感谢舒乐博士邀请我和我的同事在新年伊始来到美国访问。刚才舒乐博士问大家，你带着什么样的理想来，又将带着什么走？请允许我在这个伟大的教堂

①2009年1月9日至17日，应舒乐博士邀请，全国人大常委会原副委员长、友联会高级顾问许嘉璐同志率团访问美国洛杉矶和檀香山。1月11日，许嘉璐作为特邀嘉宾，在水晶大教堂发表了以东西方文化交流为主题的讲演。

②"水晶大教堂"位于美国洛杉矶，原名"加登格罗夫社区教堂"，1955年由罗伯特·舒乐博士创建，是美国历史最为悠久的新教归正会教堂，在美政界上层和广大基督教教徒中有着广泛而深刻的影响。教堂每周日都组织大型布道活动，邀请全球政要和社会名流现场演讲。

③罗伯特·舒乐（Robert H．Schuller）博士，美国著名基督教福音派领袖、慈善家和社会活动家，水晶大教堂创始人。著述颇丰，有《谁说你不行》等37部书籍问世。曾获得洛杉矶慈善基金会"杰出成就奖"、美国基督教与犹太教大会"人道主义奖"、美国宗教遗产协会"年度神职人员奖"等诸多褒奖。

里回答舒乐博士。我带着对和平和友谊的理想而来，我将带着美国人民同样对和平的祈求和对中国的友好感情而去（鼓掌）。按照舒乐博士的名言，只要你有一种理想，就一定能够达到。那么当我离开这个教堂，离开美国的时候，我的理想一定能够达到（鼓掌）。

今年是中美建交三十周年。中美关系在这30年里取得了历史性的发展，中美关系的战略意义和对全世界的影响更加突出。中美两个伟大国家之间的友好关系不但符合我们两国人民的利益，也符合世界和平的需要。

站在这个透明的水晶大教堂的讲台上，我感到没有任何的拘束和压抑，仿佛我就处在大自然的怀抱中，温暖的阳光洒遍每个角落，洒在每个人的身上和每个人的心灵里，仿佛大自然在净化着我们每个人的心灵。在这里，处处散发着宇宙对人类的无限关爱（鼓掌）。

舒乐博士把毕生精力献给美国人民，献给上帝，献给全人类。他所得到的启示是，只要一个人真正地努力，他的梦想就会实现。他的梦想实现了，许许多多的人沿着这条路走下去，自己的理想也实现了。我从父辈那里继承下来的思想是，"有志者事竟成"，"精诚所至，金石为开"。到今年为止，我作为一个大学教师已整整五十年了（鼓掌）。在这五十年中，我遇到了很多困难，但我本着"有志者事竟成"的精神，从没有放弃过，因而我所树立的人生目标也一个一个地达到了（鼓掌）。

在《马太福音》里，耶稣告诉我们："像神爱人类那样爱所有的人"。舒乐博士把这个启示变成了自己的信念，就是解决他人的困难，消弭他人的伤痛。而我所受到的教育是，爱他人是一个人最高的品德。女士们，先生们，在这一点上，是不是我们两颗心又走到了一起（鼓掌）？

中国文化和西方文化是存在差异的。我认为，这种差异不应该成为我们之间和睦相处的障碍，相反，应该是我们增进沟通和交流的动力。中国和美国刚好在地球的两端，如果我们不来往，就很难了解对方。我再一次来到了美国，而舒乐博士也已经三次去中国了。我们没有感觉到空间的距离，只觉得彼此之间越来越接近。先进的西方和古老的东方需要相互学习，携手并进。特别是在当前，世界的混乱、道德的衰败和人性的不安，更需要不同文化的人在一起寻找拯救人类、拯救地球的方法。现在，不同文明之间对话的意义已经为越来越多的学者、神学家和宗教领袖所认同。对话意味着尊重、了解和学习对方。任何文化都在无时无刻地演变着，发展着。和不同的文化进行对话，是各种文化自身向前发展的重要动力。促进这种对话，促进各国人民之间的了解，是我们这些积极思维者、心里装着全人类的人不可推卸的历史性责任。舒乐博士在半个多世纪的时间里一直勇敢地承担着这个责任。我们要向他学习，也要承担起这个责任（鼓掌）。

最后，请允许我在这里用中国儒家的礼仪祝福在座的每一位女士和先生幸福、和谐（向全场作揖。鼓掌），祝你们的理想都能够实现。我也期待着今年或者以后的时间，能够再一次来到这个伟大的水晶大教堂，和大家共同过一个幸福、安宁、让人得到净化的星期天（鼓掌）。

再一次感谢舒乐博士和各位（全体起立，鼓掌）！

（整理者：钱龙龙）

有神与无神　信仰总须真

——与罗伯特·舒乐博士的对话

（2009年1月13日，美国洛杉矶）

舒乐博士（以下简称"舒"）：许教授，非常荣幸能与您见面。希望以后我可以称您为"我亲爱的朋友"。因为您不仅是中国的朋友，更是全世界的朋友。我们都是善良的人，致力于让世界变得更

加美好。我对您非常了解，甚至多得超出您的想像，因为我们是同一类人。

我出生于1926年，现在已经82岁。几个月前，我突然产生了一个奇怪的念头。1926在《圣经》里有对应的诗节吗？那应该是19章26节。于是我翻开《新约》第一篇——《马太福音》。这一节记录了耶稣的话，他说："在人这是不能的。在上帝凡事都能。"要知道，我已经围绕这个主旨工作了五十多年：书籍、写作、讯息……但直到几个月前才读到这一段。这就是我所说的"可能性思想"。我们的思想或积极或消极，而可能性思想寻求的则是如何改进、如何拓展、如何成长，以及如何把难题变为奇迹。正因如此，我的心才如此贴近中国、贴近中国人民。正是中国这个国度展现出了"可能性思想"。看看中国历史——充满了"我行"、"我们可以"的呼声。我们能建起万里长城！而长城的确建成了！小时候我就知道中国，当时我母亲的兄弟正在中国传教。那些都是我一生的记忆。我所受的教育告诉我，美国是一个伟大的国家，而中国也同样伟大。因此，能与您这样在中国德高望重的人见面交谈，我感到非常荣幸。谢谢您，我感到荣幸之至。

许嘉璐（以下简称"许"）：非常感谢舒乐博士对我的热情赞扬。可能我意识到自己的生日与我一生道路的紧密关系比你还要晚。就在几分钟之前，你的一番话让我想到我是1937年出生的，今年72岁了。根据中国的传统历法，1937年是牛年，所以按照中国人的习惯我是属牛的。而牛的特点就是它向社会索取得很少。它吃的是草，奉献给人类的是奶，是工作，是他的全身。在中国的农业社会里，牛可以说一生都在辛勤地劳作。回想我这一生50多年的教师生活，就是像一头牛在耕耘着中国青年人心灵的田地，希望在他们的心灵中种植理想和高尚的伦理道德，把他们变成杰出的、能够为人类做出贡献的人。

美国的确是一个伟大的国家，特别是在近两百年里，给人类贡献了很多。中国作为一个古老的国家，我们两国人民互相学习、互相帮助，既符合两国人民的利益，也符合全世界和平、繁荣的需要。

我的到来也是一种象征，地球两端的一位杰出的宗教领袖和一个在中国教育领域耕耘了那么长时间的老教师，能够坐在一起心交心，这就是中美两国关系的一个缩影。

舒：是的，我想我们今日的友谊早已由超越人性的智慧所安排。对我而言那就是上帝，上帝就是超越人性的智慧。我想在未来几十年甚至几世纪里，美国和中国都会非常强大。我想知道的是，中国历史上特有的积极思维——"我们可以做到！"、"这能做到！"，源自何处？中国人是从哪里学到了这种思维？

有神与无神 信仰总须真

许：舒乐博士提出了一个很重要，同时也是需要用历史和哲学的眼光才能看清楚的问题。中国出土的文物证实，中国进入农业社会的时间在一万多年以前，在四千年前就出现了文字的最初形态。用文字正式记载的历史有三千四百多年，而且从那时起，中国的历史记载就从来没有中断过。根据历史记载和出土文物，中国人形成学习、思考、行动、克服困难去达到目标这样一个理念，是由于中国在原始的生产情况下，不断面临着各种自然灾难，人们要想办法把握自然的规律，提高自己的能力，从而去迎接一个个挑战。在不断战胜困难，使民族保存、繁衍和发展的过程中，人的自信力不断得到增强。

中国有一个几乎是妇孺皆知的故事，是关于一个看似很愚傻的老人把一座山给移开的故事，也许可以说明这个问题。据说写于公元前七世纪的一本书里记载，一位老人家门外有一座大山，挡住了出入的道路，于是他就决心把这座山挖走。大家都讥笑他愚蠢，但他说我和我的儿子尽力去挖，我和我儿子不在了，还有我儿子的儿子，儿子的儿子的儿子。只要坚持不懈地挖下去，这座山就可以移走。他的行动感动了上苍，终于运用神力把山搬走了。实际上，这反映了中国人的一个特点：一旦确立了正确的目标，就一步一步坚定地走下去，不怕时间长，不怕付出辛劳去达到目的。

舒：很精彩。在我的印象中，中国人是一个对智慧有着与生俱来的深刻认知的民族。我经常讲述的一个故事就来自中国。说的是从前有位农夫，他有一匹马，因此非常富有。他还有一个儿子，所以他也很有福气。大家都知道，他是一个既有福气、又有钱的人。但有一天，他的马跑了。我不继续了，这个故事您熟悉吗？

许：边塞上的这位老人丢掉了他的马，别人认为这是一个不幸，但他说，这种不幸谁知道是不是可以转化为幸运呢？后来果然他的马自己回来了，而且后面跟来了一群马。我想这就是舒乐博士想要讲的故事。

舒：对、是的，就是这个故事。多么伟大的智慧，多么伟大的中国人民。我会继续祈祷，希望自己能成为中国的亲密朋友。我写过书，我的书也译成了中文，因为我们的心彼此相连，就像这样（双手相扣）。"这能做到。""我们可以做到。""拥有梦想。""胸怀大志。""没什么不可能的。""如果……就能……"，"只要……就能……"，"先……就能……"，"付出……就能……"

许：我非常赞赏舒乐博士的这个判断。中国有一句话叫"有志者事竟成"。还有另外一句话，"精诚所至，金石为开"。我想说的是，无论任何困难的事情，只要我们抱着一种赤诚，毫不动摇地坚持下去，就一定会完成。三十年来，中美两国多位领导人，就是这样以诚相待，努力构架两国人民友谊的桥梁。我相信在未来

有神与无神　信仰总须真

的30年，在包括舒乐博士和我在内的许许多多人的共同努力下，中美之间这种友谊的桥梁会更加牢固、更加宽广。

舒：这又让我想起了耶稣的话。耶稣出生在一个名叫拿撒勒的小镇，从未受过教育，也没进过大学，只是一个单纯的小男孩。但他所说的话却充满了智慧，就像这句："在人这是不能的。在上帝凡事都能。"多么伟大的思想，而这种思想已经在中国历史上存在了五千年。中国人一直相信这一点，甚至在他们听到耶稣的教义之前。在上帝，凡事都能。这就是美国和中国都非常强大的原因（双手紧扣），我们一定要互相鼓励，继续维系我们一贯紧密的友谊。您呢，喜欢美国的什么方面？

许：你又向我提出了一个很重要而且很尖锐的问题。坦率地说，对于美国这个伟大的国家，我特别喜欢她的永远的创造力，永远不满足于现状。这一点既体现在经济领域和生产领域，也体现在教育领域和学术领域。从学术层面说，许多新的学术、新的理念，都是美国的学者，或者是在美国进行研究的学者提出来的。当今世界的科技无疑美国是领航的。这种永远不枯竭的动力正是美国伟大之处。第二，我喜欢她的包容。任何思想、任何学说都可以在这个伟大的国土上得到发展的机会和条件。世界上没有多少国家能够像美国这样，众多的民族、不同的族群和谐地生活在一起，为了一个国家的伟大目标形成合力。如果把这个原则推广开来，如果全世界都这样包容，我想，世界的和谐和繁荣就会必然要实现。

我由此想到一个问题，也想请教舒乐博士。耶稣降临人间和中国的孔夫子出生相距并不远，换句话说，就是在两千多年前出现了几个伟人，他们所提出的一些基本理念，至今仍然指导着全世界人民的生活。现在两千多年过去了，我们这些人面对的是一个绝对不同于耶稣和孔夫子时代的社会。我们如何在这两个伟大先知教导的基础上，结合当今的情况，提出能指导全人类的生存和发展、构建一个友好的地球的一些理念？这似乎是我们现在的人不可推卸的责任。舒乐博士的一句名言就是"只要人有梦想，就一定能够实现。"不知你对我这个梦想是否赞同。

舒：对我而言，就是这种"可能性思想"，就是这种"我们可以做到"的积极哲学观，因为这种观念就来自我的宗教信仰。我想每个人都有信仰。甚至连无神论者也有。无神论者总是说"世上没有神"，而这就是他们所相信的，也就是他们的信仰。信仰就是当你无法证实某事时，还选择相信它。如果能证实自己的信仰是真的，那这就不再是信仰！信仰是一种心理过程，通过这个过程来承诺一生追随并接纳自己并不确信的东西。

我曾对人说过，如果在我死去的时候，我还能继续相信，而有人却告诉我："舒乐博士，现在你已经死了，我们也可以告诉你真相了——上帝并不存在。从来就没有上帝。是你的父母和老师教导你有上帝，而你也相信了。但一直以来你都错了。所以，如果你愿意的话，我们可以为你做点什么。你一直是个好人，我们会给你一次机会重新活过。而这次，从一开始我们就会告诉你真相——没有上帝。那你会有怎样的不同呢？"我会立即答道："哦，我绝不会改变自己的想法。"即使你能向我证实没有上帝，我仍然会相信上帝的存在，因为这种信仰对我产生了巨大的影响，它让我具有了积极的思维。它让我相信"我能做到，因为有上帝存在，他会帮助我。"正是在这样的生活中，我拥有了许多不可能的梦想！我试着做一些人不能做到的事！而我做到了许多！看看我的成就！这一切都是因为我相信上帝，相信他会帮助我。就算这是错的，我也会继续相信下去。朋友，我想这就是我一生的主旨。你对此会作何反应呢……

许：我完全能理解舒乐博士这番话里所包含的那种宗教体验。你用你的心，表达了对上帝那种超越现实的、语言难以描述的感受。我非常尊重各类宗教信仰，既包括基督教，也包括佛教、道教、印度教、伊斯兰教等等。我非常同意舒乐博士所说的，只要是人，他就有一种信仰，不管这种信仰是什么样的。我用哲学的思维方法比较后发现，各种宗教之间其实距离并不远。包括您所说无神论者的这种信仰。其实最极端的就是无神论和宗教的信仰。无神论所信仰的是什么呢？是大自然的规律，是社会的规律，是人自身的规律。那么，把规律掌握好了，沿着规律去做，他就会成功，他就愉快。可是再深一步地问一下，这些规律是哪里来的？无神论者只能说，它原来就是这个样子。如果再进一步追问，是不是宇宙、地球上的大自然和人类社会预先就有一种安排？可为什么一切都如此地井井有条、有规律呢？如果问到这一点时，已经是有神论者的邻居和朋友了。虽然宗教所说的神、佛、安拉谁也没有看见过，但是人们就相信，有这样一种力量在安排宇宙，安排人生。

所以我认为，无论是有神论还是无神论，以及各种宗教之间，都应该进行对话，进行沟通，互相尊重，互相了解。通过这样会发现，我们大家都在追求至善、至美。

主持人提问：孔子死后各国纷争不断。而耶稣则经受耻辱死于十字架上。在当时看来，他们的使命似乎都以失败告终。但在之后的文明中，他们却各自成为东、西方不可思议的强大力量。您对此怎么看？

许：这个问题对于任何宗教，包括儒家学说，都是一个严峻的挑战，即有人认为当初耶稣基督的教导没有实现，孔子对人的教导也没有实现，他们都是失败者。我们对这个问题必须给以回答。

舒：在神学历史上，是犹太人率先开始相信所谓的"伦理一神教"。犹太教的成立就是因为神告诉他们，有一个神存在，一个善良、仁慈、诚实的神。因此，人类产生了一个理念：世上有一个看不见的、全能的神。

如果宇宙内存在一个不朽的创造者，一种充满爱的掌控力——叫做上帝，那上帝就必须向众人显现自己，向大家证实他的存在。而他通过数百年内的一些智者先知做到了这一点。那是一些伟大的先知：摩西、以赛亚、耶利米、大卫……数百年里，许多人出生并开始相信……

因此，信仰始于"如果"一词。当我们说自己有信仰时，是以"如果"一词开头。倘若没有"如果"一词，而通过证据能表明上帝的存在，那实际上就没有上帝。对上帝只能去体验，并最终停留在相信一件无法完全证实的事里。这就是我的信仰。我相信上帝存在。这是一种选择。我选择了这种信仰。我不能证实这一点，也不会进行争辩。但我相信上帝存在，因为他已经通过数百年中一些伟大的精神领袖所撰写的著作显现了自己。而这些数百年里由不同种族的人所产生的信仰已经融合在一起，并最终归结于相信同样的东西。这就是启示。

许：我非常理解舒乐博士这番话所体现出的真诚的宗教信仰。在当前经济全球化的形势下，各种信仰受到了共同的冲击，我们必须正面加以对待。无论是中国的儒家还是发源于印度、盛行于中国的佛教，还是基督教、犹太教、伊斯兰教等等。这些宗教的创造者和先知们都是要社会安宁，人生幸福，天下太平。可是，翻开历史，无论是古代的历史和近代的历史，不公平、战争、血腥时常见到。于是有人说，这些伟大的导师、先知或者"神"是失败者，他们提出的理想没有实现。因此，这些人抛弃了信仰。我想，人不能抛弃信仰。可以说任何人没有信仰就无法生活。至于选择什么样的信仰则可以因人而异。比如舒乐博士一生就虔诚地信仰基督教，我就虔诚地信奉儒家和道家的思想。我之所以不同意有些人的那种结论，就是因为刚才我所说的，两千多年前，这些伟大的先知和圣者提出了世界应该如何相处、人应该如何生活的指导。正是两千多年来很多的人，包括像舒乐博士和我这样的人，真诚地按照这些教导去做事情，所以世界才是现在这个样子。如果没有先圣先知们的指导，如果历史上没有像我们这样的人坚持这些信仰，现在的世界不堪设想，要比现在还要糟糕，甚至于人类都走不到今天。当然，无论是上帝、佛祖还是中国的孔夫子，他们的理想今天没有实现，由此才又构成了我们的理想，需要我们不断地去追求。就像刚才我讲的中国那个被别人看成是傻子的老人，我们走了，还有我们的儿子，儿子下面还有孙子，孙子下面还有他的儿孙。只要一直朝着这个目标努力，人类就会越来越美好，越来越友善，世界也越来越幸福。

主持人提问：在耶稣基督向我们和全世界人们传导的教义中，您印象最深的是什么？对于孔子和老子向我们传授的思想，您印象最深的是什么？

舒：在耶稣所教导的东西里，最重要、令我印象最深的一点就是对终极疑问的答案。这个终极疑问就是：宇宙里是否有一种智慧的至高心智，称为上帝？而他牵引我相信，这个疑问的答案是"有"。我读到《圣经》的一个诗节，是耶稣告诉众人，在人这是不能的，在上帝凡事都能。无神论者会说，这不可能，没有上帝。但信徒，或具有积极思维的人则会说，在上帝，就有可能。这就是耶稣所说的。看到世界上存在的种种问题，当然不能证实上帝的存在。但在耶稣基督，凡事都有可能。耶稣也是一位可能性思想者。他让我们对上帝心存信仰。他让我们相信上帝的存在，证据就是十字架——终极不公的象征、邪恶之至的象征——智慧、有爱的人类，选择了去憎恨、杀害他。在一个白天、面对公众，把他钉在十字架上，让他体验人类所能遇到的最糟的经历。那就是耻辱……而耶稣却选择了这样死去。而2000年过去了，世上最恶的象征，却已变成最善的象征。它代表一个人会把自己的生命献给子民，一个人会承受耻辱、窘迫和奚落，来拯救自己的子民。这就是基督教现在所做的事。也是耶稣基督为我所做的事，以及我对它的阐释。对我而言这极具效力。因为我学过心理学，在所有可能的人类体验里，最糟的就是耻辱。我经常询问人们，失去尊严最糟糕的在于什么，尊严的反面是什么？他们都说是谦卑。尊严的反面是谦卑？不，尊严的反面是耻辱。耻辱！而耶稣就选择了以耻辱的方式死去。这才是他的死亡，不是他手上的钉子，也不是他身侧的长矛。一个人可能体验到的最大的痛苦就是耻辱。耶稣经历了耻辱，以此来告诉众人，我们可以为上帝和基督感到骄傲。正是这样，十字架现在遍布全球，您也能看到。他把最恶的变成了最善。

许：但是现在有很多人忘记了这种耻辱，有很多的事情违背了耶稣、孔子等的教导，这让人痛心。因为这些人没有信仰，所以我们应当使他们恢复崇高的信仰。有了这些信仰，再加上其具体的梦想、理想，人们就可以像您的名言说得那样"只要人有梦想，就一定能够成功。"当然，在人们树立自己信仰的时候，应当允许他们有不同的选择。就像我刚才所说的，各种信仰之间其实相差无几，大家都在追求至善、至美、至真。这些真正实现了，就是人类的幸福，就是世界的和平。所以我认为，舒乐博士你承担着很重很重的责任，我也承担着很重很重的责任。我们应该联合起来，一起努力。您是否跟我有同感？

舒：答案当然是"有"。我刚写了一本书。这是我的第三十二本书。书名是《什么是罪》。在宗教史上——犹太教、天主教、基督教、伊斯兰教——有"罪"的概念。如果问人们什么是罪，他们会回答，就是做坏事，比如偷窃、杀人或自私。而我会说——这是《圣经》以外的教义——罪就像一枚双面硬币，有正面和反面。正面是罪的一种定义：做坏事。而反面就是没有做我能做，并且应该做的所有好事。我所说的罪、终极的罪就是——为什么我们不做好事？我们不做，是因为我们没有足够的信仰。《圣经》里有一句诗：没有信心，就无法令上帝喜悦。而所有人的头号大罪就是——对自己或他人应有的信心，却可能没有。所以，与罪抗争的方法就是树立对人的信心。相信自己，对自己有信心。我们是有创造力的人。我们能思考。而这就是我最后的、基本的神学遗产，是我要留给世界的东西。也就是，关注忽略之罪。暂时的遗忘——忽略之罪。不必告诉人们，谋杀是一种罪。也不必告诉人们，偷窃是一种罪。更不必告诉人们，撒谎是一种罪。这些他们都知道。他们全都知道！未来数百年时间里，我们要做的是教导人们，什么是真正的罪。是没有信心带着鼓励和热情，去相信我们能做到的事，去相信我们能成为的人，去相信我们能为他人缔造的美好。这种信仰的缺乏，才是最深的罪。所以，50年来我都专注于此，一直到今天——要对自己有信心。上帝给了人类可以思考的大脑。信仰才是宗教真正的终极目标。

许：我非常赞成舒乐博士的分析。虽然今年您已经82岁了，我也72岁了，但我们两个人都怀着一颗同样的心：不放弃，我们还有力量，还要向更多的人进行劝说，引导人们树立自己的信仰。

人之所以成为人，他和非人的差别就在于有没有信仰。如果没有信仰，生活就没有了目标，他就会成为罪人。从不同的信仰体系来看，都是同一个结论，同一个道理。前天我在这里看到你站在台上，你用洪亮的声音，饱满的热情和真诚的心进行布道，我很感动。我想向你学习，争取到82岁的时候，仍然能够进行讲演，向人们宣传信仰的重要性。我会不止一次地引用你的事例，一个82岁的虔诚的人，仍然不放弃劝说人们的心。这一点上我们两个应该是一样的。

舒：是的。

主持人提问：谁才是真正的舒乐博士或许嘉璐先生？是在内里无法看见？还是能用科学仪器进行测量？

舒：这样说吧，《圣经》说上帝是三位一体——圣父、圣子、圣灵。《圣经》还说人类是按上帝的样子所造。这表示人也是三位一体。比如我。我有一个名字：罗伯特·舒乐，就像上帝只有一个名号，但却由三个人构成。这里是一个（指向自己的头），他思考、思考，然后认同。他有大脑。但还有另一个罗伯特·舒乐，在这里（指向自己的心脏），他有一颗心。有时候我会感觉到对某人强烈的爱。我不知道是为什么。这种感觉就来自于心。这是第二个人。这个我（指向头）和这个我（指向心）必须融洽相处。但并非总是如此。还有第三个罗伯特·舒乐。就是这两只手。还有这张嘴，能说话的嘴。微笑，可以鼓励人们的微笑。这就是第三个我。罗伯特·舒乐——思想。罗伯特·舒乐——心灵。以及罗伯特·舒乐——躯体。人也是三位一体。只不过人是不圣洁的三位一体，而上帝是圣洁的三位一体。我是这样，你也是这样。我们都是一个名字下三个不同的人。但这是三个不一样的人。生活中的挫折可以反映这种心理状态——这三个人并非总是意见一致。比如，有食物提供给我。嗯，我想要那个食物。我的舌头告诉我：要、很好，吃掉它。但我的大脑说：不要（指向胃部），会长胖。我的心告诉我：无所谓。要么吃，要么不吃。但我们是三位一体，至少由三个人构成。顺利生活下去的秘密就在于寻求融合，要让这三个人融洽相处。

主持人提问：是什么令贝多芬成为贝多芬？为我们留下不朽音乐的，贝多芬的内在是什么？我们身体里是否有镜子里看不到的人？

舒：我相信上帝。我相信《圣经》。《圣经》一开始就说："起初，上帝创造天地……"，他也创造了人。在他创造的所有生命当中——鸟、虫、动物，只有人是按他自己的样子所造，并赋予了人类创造力。在所有创造物当中，只有人类拥有能够创造的巨大潜力。对贝多芬而言，这种潜力就是音乐。这一点您也知道。对爱因斯坦，就是科学和科学分析。对于宗教领袖而言，就是贯穿于各种情感之间的圣灵。所以我们是所有创造物中，唯一拥有创造力的。我们能产生非凡的思想。非凡的！上帝把这二者合而为一。我相信上帝创造人类时赋予了特殊的天赋，所以人类才会产生伟大的理念和思想。因为只有我们被赋予了发明、创造的能力……

许：在中国的文化当中，对人类这种现象有另外一种解释。当然这种解释从基督教的角度看也并没有做到最终的答案。在中国战国时期，即公元前400年左右，有一部书中提到，小孩子如果生活在楚国，那么他讲的就是楚国话；如果生活在齐国，那么他学的就是齐国话。故事的意思是，人的技能是后天形成的。但是在中国同一时期其他的经典作品中，如孟子就曾说过，各种东西不整齐划一，各有特色，这是事物的本性。这正如舒乐博士您刚才所说到的，上帝造出的人是唯一按照他自己的形象创造出来的，但是世界上的人又有不同的天赋和法宝。

基督教解决了一个问题，即上帝的创造是根本原因，就像中国学说中所说的，事物本来就是如此。而这样一个结论就又回到了我在开始所说的，有神论和无神论相差无几。如果沿着无神论"事物本来就是如此"的说法去推导，再问一句为什么本来如此，就和有神论接近了。但是我想，无论是基督教的学说，还是儒家的学说，都承认世界是多元化的，都容纳这种多元化，都接受这种多元化。

主持人提问：中国有句俗话叫"夫为妻纲"，所以每个人都应该做自己该做的事。《旧约》里也表达了类似的观点。但当今社会，每个人都想突破界限，做些不一样的事，做一些和传统相悖的事。您对此怎么看？

舒：生活完全基于信仰。不论我们做出什么决定，不论是出自偏见、缺乏教育或错误的教育，最终，讨论或争论的底线都是信仰。我们要进行选择，而我通常非常相信沿袭多年或多个世纪，甚至上千年的传统。对于那些流传了数世纪、数百年的东西，我总是很不善于辩争。如果有事物在经历数世纪后还得以存续，我们最好去相信它，或好好研究一下。

主持人提问：当今社会，女性想打破"无形的壁垒"，把自己的潜能发挥到最大。您认为这和《旧约》或传统中国文化所传授的理念相冲突吗？或是让两性融合会更好？这样大家都能在社会中扮演传统和非传统的角色？

舒：基本上我研究的都是我认为人类可以证实的事实，我的重点、我的一生……从大学时代的心理学，到研究生时期的神学，我一直在问这个问题："人的根本是什么？人究竟是谁？"而在融合两性方面，我也极不擅长。因为有些事情只有男性才能做到。而女性，特别是当她怀孕时，就会完全充当母亲的角色。我认为那就是母亲应该扮演的角色。同时让男性参与相对女性而言他们最为适合、需要更多力量、充满争斗的事。我喜欢对女性的传统定义，也喜欢对男性的传统定义。有时候我们走向了极端，不允许女性拥有她们本能拥有、也应该拥有的可能性，而人类文化却剥夺了这些可能性。

我想问个问题。中国诞生于五千年前，对吗？在那时有宗教存在吗？有精神理念吗？还是中国人一直都是无神论者？

许：中国人天生不是无神论者。根据出土的文物和文字记载，当时的人崇拜的是"天"，或者是太阳。部落的酋长，是统治一方的最高权威，所以就被认为是"天"的儿子，或者是太阳的儿子。因此，遇到了重大的事情，都要请上天给予回答，到了重要的节日就要祭祀。实际上直到今天，这种信仰在中国的人民群众中还没有完全断绝。如果下一次舒乐博士再到北京来，我建议你去看看中国的天坛。天坛就是祭天的。北京城南面有天坛，北面有地坛，西面有月坛，东面有日坛。如果你进入我们佛教或者道教的庙宇，会看到仍然有人向佛烧香，祈求平安，仍然有人到道教求签问卦，问一问自己下一步的命运。这些都是古老的信仰，一直没有断绝，流传到现在。但是，这也只是中国人多种信仰的一种。中国人有的信佛，有的信道，有的信儒，有的信基督，有的信天主，有的信安拉……

经过长时间对中国所有宗教和信仰的研究，我发现无论是基督教、天主教、伊斯兰教、佛教、道教，大家最后追求的目标都是"至善"、"至美"，都是求得人的心灵安宁和人与人之间的和谐，最后达到世界的和平和幸福。只不过大家崇拜的对象不同就是了。因此，各种宗教在中国几千年来就是和平相处，互相帮助，互相承认对方的信仰而不加以干涉。所有的信仰在中国都可以得到自由的发展，这本身也是一种和谐。

舒：在近代美国，过去十年到二十年，发生过一场名为"同性恋运动"的运动，现在的中国文化如何看待这方面？

许：在中国人的传统文化看来，男人和女人出现在世界上的时候是有分工的，因而男人和女人在生理特点、心理特点和为人类所做的事情上就应该不同。这后来被有些学者和皇帝利用，只强调男人的特权，对女人进行不平等对待。"夫为妻纲"就是这样出来的。其实儒家主张的是"男女有别"，即承认双方的特点，并没有尊卑的含义，但却给"夫为妻纲"留出了"后门"。

在妇女解放运动，也就是现在我们所说的女权运动当中，我觉得有的地方做得又违背了自然的规律。或者用基督教的话说，违背了神的意志。为什么呢？女权运动的一个口号是，男人能做的事情我们女人也能做，不让我们做，就是不平等。我认为，这个口号本身仍然是以男权为标准的，无形中还是男权中心主义。我认为，男女平等应该是男人能做的事情就让他去做，保证他的权利；女人能做的事情就让女人去做，也保障她的权利。这才是真正意义上的平等。打个比方说，盲人虽然看不见东西，但他的耳朵和其他触觉非常的灵敏；而聋哑人虽然听不见东西，但他的眼睛又特别好。我们讲，残疾人和正常人要平等，盲人和聋哑人也应该是平等的。但是聋哑人不能提出来，说盲人能做的事情我也能做；盲人也不能说，聋哑人能做的事情我也能做。这实际上是不可能的。所以，真正的平等是机会的平等，是个人权利的平等。至于在社会上从事何种工作，应该让人们在各自能力的范围内充分发挥潜力去做，才是真正的平等。

中国也有同性恋，在中国目前采取的态度是，不在法律上予以承认。但是如果他们的同性恋行为不触犯刑律，即不触犯社会和道德的底线，也不予追究。例如：如果他们不吸毒、不贩毒，人们是不管的。不过在一般人民的心目中，多数人是不赞成的，认为这违背了大自然的规律。大自然有男有女，动物有雌有雄，植物也是这样。即使是同体繁殖，例如蟑螂，在其内部也是有雌、雄器官的，这样才能够繁殖。这是为了大自然中动植物的繁衍，为了人类的繁衍，为了社会的繁衍，这样才构成了我们的地球。违背了这个本性，人类就难以延续，这是不负责任的。我所说的就是基于中国的文化传统和现在大部分人的看法，这与政府对他们采取何种政策还是有区别的。我觉得儒家对同性恋的传统看法与基督教非常相近。

　　舒：太好了，是的！当然！上帝是存在的，他把自己的知识释放到我们的信仰中来，由始至终都是通过耶稣基督的先知卓见。但也有很多关于信仰的教义，是他向其他从未听说过耶稣基督的人们所传导。

　　许：我在读《圣经》的时候，当读到《马可福音》中的一章时，非常受感动。这么多年来，这个故事一直牢记在我的心里。为什么呢？第一，它体现了基督教对人的评价，对人的心的评价，对人的行为的评价。第二，这种评价和我从小所受到的儒家教育几乎是完全一样的。

　　《马可福音》这一段说到，耶稣在接受其信徒向神的捐赠时，有一个很贫穷的妇人把她仅有的两个钱币捐给了神。这是很少很少的钱，但是耶稣对他的信徒说，我要把最大的荣耀给这个贫困的妇人。因为她是用了她全部的财产，实际上是把她的心献给了神。至于有些财主给了神很多的钱，那只不过是他有很多余钱，他要表示他是信仰神才捐献的，而不是真正的信仰。而儒家学说讲到，我们做任何一件事情，都要尽自己全部的心。只要有这心，哪怕他很贫穷，出的钱很少也是至善的。如果一个人拥有无限的财富，他拿出再多，不是全部的心，其价值也没有刚才说的那个人高。在中国四川发生地震灾害后，有的小孩子把自己早餐的钱捐献出来，虽然很少，但是这些行为引得我流泪。我想在这点上我们是相通的。也就是我前面所说的，不同的信仰所追求的是"至善"、"至美"、人心的安宁和世界的幸福。

舒：许先生，能有您这样在中国德高望重的人来到美国，并抽出时间拜访我，我们感到非常荣幸，真的荣幸之至。我祈祷上帝在您最需要的时候庇佑您，让您得到许多的惊喜。谢谢。

许：谢谢舒乐博士。我觉得此次与你相识，参加水晶大教堂的礼拜，以及像今天这样与你近距离广泛交谈，这是我在一年以前做梦也没有想到的。在这么短的时间里，我从你身上学到了很多东西。你对信仰的执著，你对职责的执著……这些都是我要学习的。我肯定会把你引为我最好的朋友，但是你的阅历、你为美国人民和世界人民所作的事情是我赶不上的。

期待着不久以后在中国再见到你。也希望我下一次来美国的时候仍然来到水晶大教堂，仍然参加你们的礼拜，再与你进行更广泛、更深入的谈话。谢谢！

（整理者：钱龙龙）

诚、爱与善

——会见美国哈盖伊学会主席
约翰·哈盖伊①先生的谈话

(2009年8月31日，北京人民大会堂)

许嘉璐（以下简称"许"）：非常高兴能够在北京见到你。我首先要道歉，今年年初我到夏威夷的时候，由于当时的飓风，没能应你的盛情之邀到你的培训基地去学习参观。到你的基地去，到现在还是我的一个愿望。为什么我这样说？因为在今天这样一个时代，最急需做的一件事就是不同文化、不同信仰、不同地域的人要加强交流。有关这方面的想法我想在这里向各位报告一点情况。这几年来我和基督教、伊斯兰教、天主教、

---

① 约翰·埃德蒙·哈盖伊（John Edmund Haggai）博士，美国教育家，牧师，美国哈盖伊领袖学院（Haggai Institute）的创立者，美国哈盖伊学会主席，曾多次访问中国。

犹太教、佛教、道教等的教内人士，进行了多次面对面的对话和深入的探讨。在我这些年所从事的文化研究生涯以及和不同的文明、信仰对话的过程中得出一个结论——不管什么信仰，不管什么文化，都含有普世的东西，这就是爱和善。但由于地域、意识形态的不同，把我们不同的文明、不同的信仰隔绝开来了。我们阅读不同文化的书、收看不同文化的电视固然是一种交流，但是更重要的是面对面的交流。Face to face，其实就是亲眼观察。各位一进门，我刚坐到这里，哈盖伊先生就跟我说，在他的想像中我应该是更老的一个人。我说我已经很老了，都七十二岁了，他说他已经八十五岁了。按照中国的习惯我应该称哈盖伊先生为大哥。而在我的想像当中，哈盖伊先生应该是身体更高一些，年纪更轻

一些。这种想像中的误会说明两个问题。首先，我们需要面对面的交流；第二，你说我不像七十二岁，我说你更不像八十五岁，这说明追求友谊，追求对不同文化的了解或者沟通，追求人类的和平，让我们不觉得老。国际友联和哈盖伊先生的友谊已经有二十多年了。可惜的是，我的前辈黄华先生由于身体的原因不能亲自来迎接哈盖伊先生。但是，他的夫人、我们的何理良大姐代表他来迎接了。我希望我们和各位的友谊能够永恒下去。黄华先生九十多岁，之后还有八十多、七十多岁的朋友，后面还有六十多、五十多、四十多、三十多岁的年轻朋友。人类就是这样发展的。各种文化、各种学说就是这样传承的。我想友谊和心也应该这样传下去。现在请允许我说一句公式性的，但也是很严肃的话：请我的同事们都举起杯来，祝哈盖伊先生健康、快乐，祝所有来宾在中国过的愉快，祝我们的友谊永远青春。

哈盖伊（以下简称"哈"）：感谢我年轻的朋友。我认为您关于面对面的交流的说法是相当正确的。亚历山大大帝曾经用话语批评他的一个将军。另外一个将军问亚历山大大帝："您见过他吗？"他回答说："我当然没见过他了，假如我见过他，我会很喜欢他的。"这说明所有的事情只有面对面能给我们最多的理解和交流。虽然现在的网络时代让我们之间的相互沟通变得越来越容易，也越来越多，但是还是希望面对面的交流能够变得越来越多。我需要向大家坦白一下，我从1934年开始就和中国产生了不解之缘，到现在已经有七十五年了。我想说这可能是我第四十六次或者是第四十七次来到中国。由于我夫人的身体欠佳，近些年来的不是很多。这是我今年首次来中国，这次随我一块来的精英们都是中国很好的朋友。麦卡利先生已经来中国15次了，但之前都不是和我一块来的。我们今天很高兴能来到这里，今年对中国来说也是很重要的一年。今年是中华人民共和国建国六十周年的纪念。今年是让世界所为之震惊的改革开放与市场经济的三十周年的纪念。我有一个很好的祝愿，就是希望中美两国的关系在今后几年中有所进展，变得越来越好。我可以说，我对中国的爱是深深的植根于我的基因当中了。我的父亲来自大马士革，我的曾祖父也是来自叙利亚，我的祖母来自黎巴嫩的贝鲁克，这些地区都曾一度属于叙利亚。我的母亲是英国人。我曾经对此研究过一段时间，得出如下结论：如果我的父亲是叙利亚人，母亲是英国人的话，那么我肯定就是中国人了。当然在七世纪的时候，叙利亚是一个幅员辽阔的国家。而对于我对中国的这种爱，我所得到的最高的褒奖是来自黄华先生。有一个早晨在跟黄华先生共进早餐的时候他对我说："我看见你就能看到你对中国充满了无限的热爱，你对中国很感兴趣。"我也希望大家共同举杯，我相信中国建国六十周年将会开启一个

更加绚丽的时代，改革开放三十周年纪念也将让全球化更加深入。

许：这是你第四十六或者四十七次来中国吗？我想再给你增加一次。今年我将在山东孔子的故乡曲阜，举办一次儒家和基督教的对话。到时电视、报纸、网络及其他的媒体都要做详细的现场报道，对话和论文等成果最后都将整理成书。我的目的就是让所有的人知道，尽管信仰各有不同，但是我们有共同的语言，有共同的追求，我们可以建立起非常牢固的友谊。这有助于加深对宗教极端主义和民族狭隘主义的认识，与它们是一种对立，是一个抵消。哈盖伊先生和各位贵宾，如果你们愿意明年九月到孔子的家乡去——那里风光也很好——我

诚、爱与善

诚挚的邀请你们。如果你们愿意的话，让我们碰杯。

哈：我上一次在人民大会堂见到赵朴初先生，我们谈了一些关于佛教的事情，我也很愿意更多地了解关于孔子的事情。

许：我是黄华先生、赵朴初先生的接班人。黄华先生是我们中国著名的学会之一——长城学会的会长。后来黄华先生一定要我来接替他的会长职务。赵朴初先生在做我们中国民主促进会副主席的时候我是常委；我做我的党的副主席的时候，他是党的参议委员会的主席；当我做党的主席的时候，他就是我们的名誉主席了。所以，你的两个好朋友都是我的前辈。

哈：我觉得您在所有的名衔当中还应该再加一个，假如您以后去亚特兰大访问的话，我们就会告诉您，您

是亚特兰大永远的朋友。

许：谢谢。我从你对黄华先生、赵朴初先生的友谊中感到了你对中国的热爱。对对方的欣赏是极为重要的，我们应该不断宣传这种精神。

哈：爱是一种动力。假如说华尔街的驱动力是爱的话，那么当然就不会有那些很大的汽车巨头公司倒闭了。假如说所有的宗教都不是以"己所不欲勿施于人"作为宗旨的话，那么世界将会不一样。我认识一个年轻人，但是他英年早逝了。他原先是我董事会的主席，又是西域酒店的发起人，这个酒店在北京已经有分店了。后来在韩国的时候，他提出一个建设性的想法，想要购买一个农夫的农场，当时农夫出的价格不够高，这位先生不动声色，后来以农夫所出价格的三倍购买了这个农场。自此之后他的声誉大振，很多人因为他的名声很好都来跟他做生意。在二次大战期间，一家商业银行在芝加哥寻找合作伙伴，他们需要一位年轻的主管。他们找到一位年轻人，他跟他们公司的高层一块在芝加哥一家餐厅共进午餐，当时这位小伙子偷了一小盘黄油，最后不仅仅这个公司没有录用他，而且这个公司还告诉别人也不要雇佣他。别人就问"为什么"，"难道仅仅是因为他偷了一小碟黄油吗？"这个公司的高层回答说："不是，因为他是一个小偷。"

许：你这两个故事很有意思，很具启发性。这说明

诚、爱与善

真诚太重要了。孔夫子说过，人无信不立。前面那位先生就"立"了，而后一位则相反。我想，人与人、国与国、信仰与信仰之间也应该以诚相待。只有这样，才能真正相互了解，达到和谐相处的目的。

哈：我完全赞成。

（整理者：刘光洁）

"知其不可为而为之"
——会见以色列海法大学董事会主席里昂·查尼①时的谈话

(2009年7月6日，北京全国人大会议中心)

许嘉璐（以下简称"许"）：再次欢迎你的来访，现在我们终于有时间坐下来安安静静地谈谈关于加强犹太教和儒家交流的话题了。

查　尼（以下简称"查"）：您对犹太教很有兴趣，我对此感到十分高兴和荣幸。在此，我邀请您

---

① 里昂·查尼（Leon H. Charney），美国著名政治家、金融家、教育家，犹太裔公认的领袖，以色列海法大学董事会主席，在美国、中东和世界政治与经济舞台中享有极高的影响力。曾任卡特总统中东事务顾问，在埃及和以色列签署戴维营协议中起到了重要的作用，被卡特誉为"戴维营和平条约的幕后英雄"。多次担当美国特别政治任务，如解救在俄罗斯的犹太裔人士、推动奥斯陆协议，1986年只身会见阿拉法特，寻求巴以冲突的和平解决方案等。自卡特总统以来，为历届总统国际事务顾问，和民主党总统候选人的首要顾问和资助人。专著颇丰，著名的有《The Mystery of the Kaddish》（《卡地许解密》）等。

方便的时候访问海法大学，届时您访问时，请与学生们交流。

许：谢谢！学者和学生之间的交流是很有意思的，特别是和与自己信仰不同的学生对话，实际上是跨过了两道沟：不同文化之沟、不同年龄阶段之沟。现在的地球实际上是个分裂的世界，需要这种沟通，因为这个世界已经神经衰弱、甚至神经分裂了。这个时候，不同文明之间加强交流与对话正是世界和平的需要，也是不同文明自己进步的需要。

查：我非常赞同您所说的。您这样一位在学术界很有名望的人来以色列的大学交流很必要。

许：和海法大学的学生们交流尤其必要，因为这是以色列最具影响力的学校。现在世界很不安宁，中东地区的动荡和冲突至今看不到结束的曙光，非洲、东南亚也不安定。比较稳定的国家内部实际上也潜伏着种种越来越尖锐的社会矛盾。只有不同民族和国家的人民之间互相了解，彼此和睦相处，才能阻止相互敌视和残杀。

查：我赞同。不同文化应该走到一起来，通过交流，互相提高。所以作为大学董事长，我很想邀请知名大学教授来我的学校演讲。我自己也身兼犹太和美国双重身份。我也创办了电视节目，让不了解中国的美国人来了解中国文化。

许：对你所进行的工作，我深感钦佩。请允许我介绍一下自己所从事的几项工作吧。在社会层面，很重要的就是人们之间应当相互理解、尊重以及从对方那里学到新的东西。因此我一直在提倡、呼吁人际间和国际间的对话。外语的普及，使人们可以通过对方的语言了解文化。现在在这个层面上学习的人很多，但停留于此还很难了解对方文化的精神。于是我注意进行高层的交流。借助我到世界各地访问，参加各种国际会议，先后和印度教、伊斯兰教、基督教、神道教、犹太教人士和各国学者、政治人物进行了坦诚而深入的交谈。同时，近年来我在北京师范大学努力培养到不同国家教当地人学习汉语的老师。单去年，我的47名硕士生，其中二十多个到美国教学，其他人分布在墨西哥、法国、加拿大、埃及、韩国等国家；同时我还在协助孔子学院总部在世界各地建孔子学院、孔子课堂。美国一些著名大学，如哥伦比亚、斯坦福等都要建立孔子学院。为了指

『知其不可为而为之』

导各国孔子学院建设，我有时去澳大利亚、新加坡、加拿大、新西兰了解当地教学情况并进行指导，不久还要去英、法、德等国。语言是人与人心灵沟通的桥梁，本世纪之初我提出要把汉语教学当作友谊之桥进行的建议，现在每年全世界学习汉语的青年进行比赛，其中优秀者到中国参加决赛，这个比赛就叫"汉语桥"。

经过多年的实践，我发现：一，世界的确是丰富多彩的；二，不同文明的人们之间太不了解对方了；三，大家很容易通过交谈达成一致：世界应该是和谐的，人民应该是幸福的；四，不同文明有不同的信仰，有的信仰在教义、哲学方面甚至是对立的，但沟通、对话还是可能的；五，所谓文化交流和对话意味着双方互相承认、互相理解、互相尊重、互相学习。说由于不同信仰、不同文化一定会导致严重冲突，这是个伪命题。

犹太民族所追求的理想和中国人最为相近。犹太文化追求的是一种和平而物质可能并不很丰富，但却宁静的那样一种生活。犹太民族和中国一样，非常重视家庭的和睦以及邻居、社区之间的和谐，重视保持家庭的和民族的传统。中国人经历了许多苦难，但还没有像犹太人那样在漫长的1800年里连个立足之地都没有；犹太人从自己苦难的历史中懂得应该人人平等、民族平等、和平世界的可贵。我还能举出很多方面来说明这一点，这些既是中华民族文化的核心，也是犹太文化的核心。

我计划明年以儒家代表的身份和基督教对话，准备在山东——孔夫子的家乡举行这个活动。我想，在我们做好准备后，这将是一次有影响的、能给人以鼓舞和启示的对话。当然，这个"对话"是狭义的，刚才我们所说的是广义的，是不同文明之间的相互交流。

以前不同文化间的接触一般是小范围、小规模的，现在我们要把它变成全社会的，广大人民参与的。现在最困难的，是组织推动国际上和伊斯兰教文化的对话。中国有数千万的穆斯林，绝大部分是逊尼派，千百年来和各种其他信仰、各个民族和睦相处，在穆斯林中有很多我的好朋友。但是全世界伊斯兰的情况却很复杂。

查：对你这番话我也赞同，我们希望世界和平。为什么有战争？是因为有占有欲、有经济动机等。我为和平事业努力过，与阿拉法特先生会面过，直接参与了缔结戴维营协议的工作。世界如果像孔子说的，互相尊重、互

『知其不可为而为之』

相理解，就不会有战争。但这有无可能性？我们这样做有无实际意义？中国过去也有过很多战争，但历史上也有过"乒乓外交"，体育之外也有音乐交流，让共产主义与外界隔绝的情况已经有所改变。

当前以色列为了自己的领土和主权也在努力。上帝创造人类，让每个人平等，但世界上仍有冲突。人们对上帝启示的理解是有不同的，您认为如何才能让人们之间理解得更充分？

许：我在政界担任过职务，但我始终属于学界，即使我在职时，思维和语言都是学者型的。刚才您的一番话提出了两个问题：第一个问题很尖锐，历史和现实中不同文明之间有过很多冲突，造成过很多灾难。像我在政界、学界和社会上所做的工作，能否使那些曾发生过的不幸的事不再发生？我想可能是我受中华文化熏陶长大的吧，在自己做事、从事研究和教学时都离不开儒家的影响。儒家所追求的是和谐的社会，主张从每个人追求自身道德的完善做起，进而追求家庭和家族都是和睦的，道德是完善的，再进而辐射到社会。对美好世界的愿望呈阶梯状的辐射。这是第一点。

第二点，孔子生活的时代就是诸侯之间不断冲突和争斗的。孔子胸怀是"明知自己的理想不能实现，但仍要去做"（"知其不可而为之"）。我想，不但儒家这样，其实佛教、印度教、犹太教也是这样，理想的境界从未实现过，但我们不能放弃。正因为如此，世界才能缓慢地走向和谐，社会才能更为进步。可否这样说：我和您所做的，是深层的工作；有些是可以马上见效的，比如您参与的戴维营协议，是解决眼前迫切问题的。但更重要、影响更深远、难度也更大的，是做人心的工作，是需要长时间才能见效的工作。二者都需要做。

查：我有个好奇的问题：为什么中国的中央政府和台湾有分歧？他们也信仰儒教啊，分歧和冲突是精神上的还是经济上的？我很想从您这里知道答案。

许：我也在做和台湾交流的工作，两边人的心态我都比较了解。首先，现在台湾的问题是历史上遗留下来的，是中国当初的内战遗留下来的。如果要追根溯源，就要问当时为什么要发生内战。

查：这就是我的问题。为什么历史上有内战？我见阿拉法特时，他说与以方领导见面时说要和平，他许诺过。上帝和罪恶并在，上帝是至善尽美全能的，那么到底是谁产生了罪恶？不同国家认为他们信仰的上帝比别的更好，有优越感就会强加给别人。中国信仰马克思主义，强调平等，这在历史上没有过的。

许：文化、民心、精神，还是不同于政治的。有的时候我们面对现实生活是无可奈何的。中国尽管过去有过内战，再往前，孙中山先生推翻了清朝，也曾经有过战争。但大多数中国人的理念出自孔子和老子。孔子说

『知其不可为而为之』

"远人不服，则修文德以来之"，就是要修养自己的道德，远方之人就会主动来交流、合作。老子说，军队、战争和武器是不吉祥的东西，不是有高尚道德的人使用的，道德高尚者不得已才使用（"兵者，不祥之器，非君子之器，不得已而用之。"）；他又说，大战之后人民一定会受到灾难，不得安宁（"师之所处，荆棘生焉。"）。所以，智者的理想是人类追求的永恒的目标，但历史总会有挫折，挫折之后还要继续向前进。所以我的想法很简单，要不断对话，要不懈努力。

查：伊朗总统说要消灭犹太人，您如何看待？

许：您认为内贾德能做到吗？他说的只是政客的语言。我的学生中就有一个伊朗人，是虔诚的穆斯林。他热爱波斯文化，也热爱中华文化；他既反对不公平地对待他的国家，也没有一点蔑视或要欺侮别人的想法，他说这些和《古兰经》的教义不符。近来媒体报道那里的局势有所缓解，这就好。伊朗和以色列之间实际上在很大程度上是伊斯兰教和基督教之间的问题，这也就是我所说的目前沟通有困难。

查：您若身处以色列，您会发现每天晚上大家心惊胆颤。如果大国采取经济制裁就会好转，但是国与国要有贸易，石油利益驱使社会不做出制裁的决定。道德与政治是有矛盾的。以前发生过人质事件，以人质来要求承认国家独立，那是一种谎言，把道德融入到政治中去很难。丹麦总统六周前和我见面，谈到二战时有的德国人解救了不少犹太人，但这并不说明希特勒不残暴。前者是道德，后者是政治。如果我们两个人能让道德融入政府决策中，那也就是我们为世界和平的贡献。

许：我能想像得出来以色列人民怀有恐怖感的生活。我小时候日本侵略中国时，我们也有过同样的恐怖生活，那时甚至大人为了不让小孩子哭闹常用"日本人来了"吓唬。但我坚持认为制裁不是好办法，制裁的结果是老百姓遭殃，按照中华文化，还是接触、坐下来谈为上策。事情总会解决的。历史有自己的规律，但历史不是线性发展的，有时候有偶然、突然、反复和无可奈何的事情发生，例如现在内贾德、霍梅尼，以前的赫鲁晓夫、杜勒斯。对历史的非线性现象，我们要有所认识和准备。各国，特别是在世界上有影响的国家应该用合作来制止一切不幸的事件。一切有识之士要用良知做促进和平的工作。我很同意让各国政府在决策时融进道德，而中国政府也正是这样做的。让我们共同努力。

查：我对你的卓越见解完全赞同。

许：明天你们在北京参访，我原计划陪您，但明天我就要去湖南。今年"汉语桥"的决赛在那里举行，有五十几个国家的几百名学生参加，我要去见见这些可爱的孩子，这也将是一场很有意思的"对话"。9日早上我会坐第一个航班赶回来陪你们。10日你们就要走了，下

『知其不可为而为之』

午我也要去福建省，因为那里有许多台湾朋友要和我见面，那将是中华文化内部而又隔绝了半个世纪的两部分同胞间愉快轻松的对话。

（整理者：张春）

促进与展示：儒释道的和谐与圆融

——在首届文明对话暨论坛开幕式上的演讲

(2008年4月19日，澳门大学)

尊敬的何厚铧特首，各位领导，各位嘉宾，各位朋友：

早安！

首先对于这次对话及论坛的倡议者致敬。我要特

别感谢澳门特区政府，澳门旅游局，澳门基金会，中华文化交流协会，以及地主澳门大学。没有你们鼎力的支持，指导和协助，我们的对话与论坛是难以适时召开的。

我们这次对话及论坛在澳门举行，可谓人和，地利，天时三者齐备。我们平常都说天时，地利，人和，我为什么把顺序颠倒了？这是因为在这三项中，在这次论坛的筹备与举行过程当中，人和起到了最主导的作用。

大家都知道，中华民族一向就是以像特首刚才所说的包容、多元为文化宗旨。进入二十一世纪以后，全中国人民都在追求社会的和谐，民族的和谐，也祈求着世界的和平。就这次小小的对话及论坛而言，如果不是大陆，澳门，香港，台湾四地的学者、高僧、高道，心向一处想，共同追求和谐，也就没有我们今天的场面。

地利不用我说，刚才特首已经用极其精炼及精辟的语言概括了澳门的和谐；我们来到这块中西和合，包容

多元的澳门来举行这次对话和论坛，我想不仅仅是一种象征的意义。

天时，一是整个大陆正在腾飞，正在勇敢地、科学地、实事求是地面对在三十年高速发展之后所出现的种种问题。其宗旨也就是追求整个大陆和谐，以及与澳门，香港，台湾的和谐。和谐这个词如果统计一下恐怕是现在网上频率最高的词之一，说明这是人心所向，视之平常。对了，天时中还有一个小小的巧合，去年，我与澳门中华文化交流协会的领导商议举行这个会的时间的时候，就已经确定了今年的4月中旬举行。人算不如天算，对话和论坛在4月19，20日举行，恰好上距"3·22"一个月，下距"5·20"一个月，这也算是一种天时的因素吧。

我没有想到今天来这么多的嘉宾，的确让我亦惊亦喜，这也是一种预兆，预兆中华民族的和谐，中华文化蓬勃的发展已经开始。因此我对这个论坛的举办充满了信心。当今的时代是一个政治、经济、灵魂大分裂的时代，是一个战火不断，恐怖主义到处窜行的时代。在经济全球化的同时，一种希望世界文化一体化的论调曾经甚嚣尘上，而与此同时，文化的地方化、民族化、最后形成多元化，也成为世界的强音。其实不管是文化的一体化，还是多元化，大家的争执点最后还是要提升到作为社会和个人，我们的灵魂归于何处？我们共同的家园地球走向何方？越来越多的有识之士认为，依照两百多年来弥漫在全球的那种思维走下去，就是人类的自我毁灭，人类文化的毁灭。实际上，文化的一体化本身就违背了人类的发展规律和文化的发展规律。文化从人类成为人类的那一天起，就开始有了，就是多元的。人类从蒙昧时期发展到今天，人们可以探测太空，可以细微地观察到基因，就是在多元文化的碰撞、接触、交融中不断进步的。对一元和多元化的补充与追求，形成理论，形成一种社会行动，就是文明的冲突与文明对话两大洪流。

2001年联合国以全票一致通过一个决定，定2010年为世界的文明对话年。在这之后，香港会议、新加坡会议以及旧金山的会议等等，来自不同文明的学者进行了对话。作为一个有着五千年文明沉淀的中华民族在这种情况下应该想到：第一、在我们远古的祖先那里已经懂得了对话的重要，冲突的不可取，虽然我们没有哪一个朝代定哪一年为文明对话年。第二、在当今的文明对话中，以儒释道为代表的中华文化在世界上的话语权还不多。这就引起了我们的深思，中华民族历史上曾经给人类的发展做出过极其巨大的贡献，时至今日，在经济全球化的浪潮中，我们仍然应该贡献自己的智慧，应该参与对话。虽然多年来中华文化已经引起世界各国的注意，但是我们走出去的，呈现在各国面前的基本上是表层的文化，是文化的某种形态，无论是艺术还是文学，都是如此。

正是出于这样的考虑，所以我和我的同道以及澳门的朋友们就想在我们中华文化的内部、特别是我们文化的三大支柱儒释道之间，应该进行生动活泼的、既深入又浅出的、真诚友好的对话。使更多的人了解我们的文化是怎么走来的，引发大家思考中华文化应该和怎样走向何方。我们的会议的会标，写的是首届文明对话以及论坛（澳门）。这就意味着我们期盼着有二届、三届、四届、N届；希望括号里面的地名也随着时间的推移不断改变。例如澳门之后可不可以换成香港或台湾，然后也还可以换成南京、西安、重庆、北京等等。这个论坛系列地办下去，就是我们踏着祖先成功的足迹在向前走。因为早在一千多年前，儒释道就已经在对话，深层的对话，就已经在融合。历史的经验值得珍惜，但是历史又不能代替今日和明天，因为我们毕竟处在一个与祖先所生活的不同的年代。历史的经验证明，三教（我姑且适应世俗的语言把儒家称为三教之一），就会在一系列的对话中，不断地丰富提高。世界著名的哲学家孔汉思曾经说过：没有宗教之间的和平，就没有世界的和平。我想我们的对话及论坛，所有的对话者，演讲者及听者，都会同意孔汉思教授的这句话，而我们的对话及论坛势必要超越他的论断，这就是宗教之间的对话，不同信仰之间的对话，一定能够促进社会的和谐。今天我们来了，包含了两岸四地的哲人，在对话中将摆明现实所存在的问题，希望这样的对话及论坛能对澳门、香港的安定与繁荣幸福起到一点作用，能为海峡两岸的和谐相处加强交流，求得台海海峡两岸

的和平，共同的繁荣而尽一点力量。

中华民族有五千年超稳定的历史，我们的孔夫子与释迦牟尼，老子与苏格拉底，柏拉图，亚里士多德，与基督，先后出现于世界的东方，为人类的发展，理智的进步，起到了不可替代的作用。二千多年前，中国在世界上率先出现了统一的帝国，这帝国又不断吸取域外的文化，保证了自己的强大。一千多年前，中华大地上儒释道，如我前面所说，进行接触，对话，融合，以保证了第二个千年以来中国的发展和繁荣。新的千年又开始

了，我们共同承担着继续在文明的内部不同文化之间的对话，并参与世界范围内不同文明的对话。我们的祖先给世界上树立了不同信仰之间和平共处共长的楷模，提供了经验。直至今日，中华民族无疑是促进世界不同文明对话，促进世界和谐，促进和维护世界和平的重要力量。在近六十六亿人口的地球上参与对话及论坛的人，数量微乎其微，我们声音也可能不那么宏大，但是沿着这条路走得人多了，羊肠小路就会变成康庄大道。当中华民族进一步和谐，进一步繁荣与强大，当世界战火慢慢地熄灭，恐怖主义逐步地收敛，那个时候，我们可以自豪地说：在扭转人类命运与道路的这个伟大的事业中，我们也曾经尽过自己的绵薄。这是我的愿望，我相信也是今天所有到会的朋友，嘉宾，领导的共同愿望！

谢谢大家！

促进与展示：儒释道的和谐与圆融

中华文化与社会和谐现场对话笔录①

——首届文明对话暨论坛(澳门)

(2008年4月19日，澳门大学)

对话主持人： 许嘉璐　教授

对话嘉宾： 林安梧　教授

　　　　　　学　诚　法师

　　　　　　张继禹　道长

许嘉璐（以下简称"许"）：林先生、学诚法师、继禹道长，我本来想介绍一下三位嘉宾，而主持人已替我介绍了。他们是高僧、高道、高人，而我徒有身高。

---

① 感谢澳门基金会和澳门中华文化交流协会慨允本书转载此文。收入本书时个别标点和文字做了修改。

作为主持人，恐怕在他们三位热烈的讨论中我是难以置喙的。我就起到一个作用：看着手表，把握时间，该叫停叫停。因此可以这样说，今天上午这个对话，成功与否在他们，时间掌握得如何，在我。如果对话不好，请大家给我鼓掌，给他们鼓倒掌。现在不想耽误时间，因为典礼已经多占用了十几分钟，我们就开始对话。

诚如我刚才致词中所说，中华民族有着丰富的、长时间的、不同信仰之间的友好对话、共生共长的经验。面临着新的世纪，又应该有一轮新的自觉的对话。那我就想向三位请教，我们的先哲能够进行友好的对话，除了他们彼此之间的相互尊重、理解，与从对方吸取营养这样的经验之外，在这些行为的背后，还有什么更根本的、深层的原因？因为在我们回顾历史，从祖先的怀抱里再次吸吮人类智慧乳汁的时候，必须通过"象"达其"意"，我们才能立与我们祖先相同的"志"。我觉得这个问题似乎值得探讨，而看看学术界的贤哲似乎这一方面关注的还不够，不知道三位没有同感？有没有必要讨论这个问题？

林安梧（以下简称"林"）：今天的主持人，在座的嘉宾，我想起头先说一下，最后我就直接地转入主题。就这样的一个对话我个人觉得非常有意义，这意义主持人前面已经道过了。两岸四地能够在澳门这是"人和"的一个起点。对话在中国历史里头，各个宗教的对话一直是有的。和谐的"和"字其实有一个很基本的地方，它是建立在不同基础上的，不同而同才叫做和，所以"和而不同"。"君子和而不同，小人同而不和"；"君子周而不比，小人比而不周"。我想像今天这样的对话，我是非常高兴，看到这么多朋友来参与，来感受。其实，我们是进到这个天地里面，才开启这个对话：有"天地"，有"人"，在我们的传统哲学叫"三才"。人参与到天地之间，当然很重要的一点是天地中有万物，人进到这里面才开启了整个世界的可能。

今天我们谈到"儒、道、佛"的对话，这样的对话如先前所提及已经超过一千年以上的历史了。儒道原先是同源的、互补的，佛进来也经过了一两千年了，基本上对于整个中国文化是越来越丰富。我曾经做过一个简单的比喻，道家好像"空气"、"水"、"阳光"，儒家好像"饭"，佛教则像是"药"。有病要吃药。佛教传进来的时候，中国其实是处在病痛的年代，传进来就越来越深，不到一百年就跟道家有新的融合，"六家七宗"就出现了，跟道教有互动，慢慢发展。后来佛教在中国出现了"天台、华严、禅宗"，有这么高的成就，这有"儒、道"的因素渗透在里面。我个人觉得这里可以看到"儒、道、佛"的互动和融通，非常地丰富。我开一个玩笑，佛教的僧侣阶层很强，在中国的影响很大，久了，它本来是药，但这药厂开得很大，就兼卖健康食品。这里面也有儒家、道家的东西，非常多。举一个很有趣而清楚的例子，比如台湾的慈济功德会，佛教志业非常非常盛大。它将去年订定为"克己复礼年"。"克己复礼，天下归仁焉！""克己复礼"出于《论语·颜渊》。你说，这可不可以？在我们华人世界里面那当然可以，没有什么不可以。在西方世界里就会觉得很荒谬，你怎么拿着别的教的东西放到自己教里面？

其实，佛法不离世间法，佛法不离世间觉。总体来讲：台湾的人间佛教怎么这么兴盛呢？其实它跟儒、道都是完全结合在一起。在台湾，我的体会感受是家家儒、道、佛。所以我常跟很多朋友说，如果填一张履历表，宗教那一栏你如果不知道自己是属于甚宗教，你就写"中国传统宗教"，或"华人传统宗教"，不应该写"无"，因为你既是儒、又是道、又是佛，这是非常完整的。所以，现在如果只说佛是药也已经不对了，因为它已经像便利商店什么都卖了。就好像台湾的便利商店也可以提款、缴税，什么都可以。我想就是类似这样一个交融互渗。至于原因，在学理上我曾经做过探讨。在华人宗教面，是"因道以立教"，"道"是共通的。"教"是儒、佛、道、耶、回，乃至世界各大的宗教都通于共通的根源，称之为"道"。这里的"道"就不只是道家的道，而是"因道以立教"。而在西方的以基督教、伊斯兰教等为主的一神论宗教，是"立教以宣道"。所以它的排他性强一点。不过这些年来我参与过一些宗教文明对话，慢慢的也打开了限制，这一点挺好，也就是说一神论的宗教学者基本上的排他性也不像以前那样，基本上信徒之间的互动来往多了，宗教学者之间的互访也多了，从高层的学术理论的沟通，到一般的民间民俗生活的互动融通。宗教信仰的特别在华人地区几乎没有任何的困难，这一点在台湾特别清楚。

据我所知，台湾的宗教徒的信众的总人口数，儒、道、佛、耶，还有原来传统的信仰，还有少数民族的宗教，还有伊斯兰教等等其他的宗教，加起来总信众的人数超过两千三百万人，但台湾的人口只有两千三百万，这意思也就是说一个人可能信多种宗教。这有没有冲突？也没有冲突。这就是我前面所说的"道通为一，教出多门"。"教"与其说是religion，不如说是teaching，在我们的华人世界里面就是这样的。所以，就这一部分来说，从来不是问题。进入二十一世纪的现代，文明、宗教开始对话。慢慢地我们可以体会到，在整个中华传统里，其实原先就具有这么多可贵的因素。"和而不同"、"周而不比"。最极端的不同，其实不只是不同，而是"辩证的和谐"，也就是《易经》所说的："一阴一阳之谓道，继之者善，成之者性"。从宇宙造化的根源，到人间善性的实践，到人性的落实、教化，有一整套。我很荣幸来参加本次对话，我先给大家起个头，谢谢。

许：林先生旁征博引，纵谈古今。我体会林先生的话里主要强调了两点，一点是中国的文化讲"和而不同"，"周而不比"。因为在中国大地上，儒学在前，从汉末开始佛教传入。虽然道学与儒学同时产生，但是道教也是比较后期的。因此"和而不同，周而不比"自然成为一个基础。第二点，中华民族信仰的多重性，这在西方的哲学、神学里叫做双重人格，双重信仰。其实在中华民族里已经不只是双了，有的是三，有的是四，是多重的。这是一种民族的生活方式，也就是文化。这是儒者的见解。

这样一个"和而不同，周而不比"，以及允许多重信仰，在宗教者看来，符合不符合佛与道的教义呢？我们知道释尊有八万四千法门，为什么有这么多的法门？就是为了"因根施教"，道教也是如此。我不知道林先生这番话强调的这两个重点，高僧与高道联系自己的教

中华文化与社会和谐现场对话笔录

义，是否认同？

学　诚（以下简称"学"）：谢谢主持人。各位嘉宾，很高兴能够参加澳门中华文化交流协会举办的本次对话。佛教在中国流传超过两千年的时间，已经融入到中华传统文化以及中国社会的方方面面中，也可以说已经融入到炎黄子孙的血液当中，成为中华传统文化的三大主干之一。其他的宗教，比如伊斯兰教、基督教、天主教等，我们都没有剔除过而把它作为中华传统文化的一个重要组成部分来看待。佛教、基督教、伊斯兰教均被人尊重，但佛教跟中国社会融合的更加密切。我们一谈到传统文化，就谈到儒、释、道三家为代表，所以我们今天在澳门的对话就显得更有意义。

这意义在前面已由何特首及主持人做了很高的、很精辟的说明。但是在学术界认为佛教里有很多很多神，是多神教，不仅是一个神，是多神的宗教。佛教究竟是什么，它跟这些神教有什么不同？佛教在中国两千年以来的发展、壮大，全国的传入，就可以证明一点，佛教非常擅长于同中国社会的各个方面、各个民族相结合，尤其是民族的文化。汤恩比说：二十世纪，人类最重大的事件之一是佛教传到西方。我们今天，儒、释、道三家在这里对话，我想不仅仅是从今天才开始，佛教一传入中国时就开始对话了，已超过二千年以上的历史。这在历史上可以看到，如佛教典籍及大型的书籍、著作中

都可以看得到。对话不是说谁来取代谁，也不是说谁比谁好，而是建立在互相尊重的基础上来理解不同的学说、不同的宗教，看别人的理论观点对我们自己有什么帮助。更重要的是抱着一种互相交流、互相接纳、互相学习的心态。这样的对话，不仅对对话的人，对在座各位，甚至对更多能够在电视机前面看到我们对话的人都会有帮助。佛经里面第一句话就是"如是我闻"，是靠听，听话要靠人去说，是说跟听的关系。所以我们今天在这里说，到底说的好不好……

许：学诚法师是闽南人，所以他说的是"闽南普通话"，可能我们有些朋友听得不清楚，刚才他说了一个人名叫汤恩比(Arnold Toynbee)，是英国历史学家，他的煌煌巨著是《历史研究》。刚才最后所说的"如是我闻"，是所有的佛所说经里开头的四个字。"如是我闻"后面就是述说了。佛教的学说要靠口弘道，靠知闻，但知闻只是第一步。学诚，我在给你翻译。

学：我们今天的一场对话，它非常有意义，说的人跟听的人要能够对话的本意有一个准确的理解，这一点是非常的重要的。才不会引发歧义，才能够促进和谐。

许：我刚才说，我对于儒学、佛学、道学，都是想入其门墙而未得的人，当然我也希望融会而贯通，但恐怕很难达到。就我的寡陋见闻，释尊在他所说的法中对于外道（包括对于婆罗门教），后来的高僧大德对于小乘佛教，是有意地，很清楚地表明我和它不同。但是佛教从没有对与自己相异者采取暴力的、权威的手段。我想恐怕这也是蕴涵在佛教教义中，不着文字的、没有明确指出原则的一种精神。不知道我的体会对不对。

学：佛经里头，释迦牟尼佛对六师外道有种种阐说，对于印度的流派：弥曼差派、吠檀多派、数论派、胜论派、瑜伽派、尼耶夜派各有说法。佛菩萨造了那么多论典，其实就是不同的宗派、宗教间进行对话的结果。

许：是不是在佛教里也是那样，对于未开悟的人，以及只达到罗汉果位的人，要想开悟他，让他进入菩萨果位，也都是采取循循善诱的办法？

譬如在《维摩诘经》里，维摩诘菩萨病了，世尊派菩萨去看他，逐一提名，大家都不敢去，都叙述了自己曾经在维摩诘菩萨面前显出了自己的道力不足，开悟的程度不够，受到维摩诘的教育。这样就很怕再到维摩诘那里去再被诘难，受到考试。像这样一个很生动的故事就体现了佛教对于不同的文化，对于开悟不同程度的人的一种包容、爱护、理解和尊重。不知道我的理解对不对。

学：事实上对话还存在着一个层次的问题，最高的对话就是不用说话，心灵直接相通。

许：下面请我们的高道讲两句。张道长。

张继禹（以下简称"张"）：高道不敢，道高愈安，这是目标，要一辈子的。我觉得这次对话的意义非常重大，因为我们在承接一个五千年悠久的历史，来开创一个新的中华民族的未来。在这个过程中，历史的很多东西值得我们去学习借鉴。中国文化之所以可以五千年延续至今，而且不断地吸收新的域外文化，不断地创造自己的文化，有两个主要的方面：一个是文化的主体性，文化五千年不变非常重要；中华民族有自己的主体性。但有主体性而又不排他，这是中华民族一个非常优秀的传统文化。即有包容性，没有排他性，应该说这就是道的文化，指的不一定是道家文化，道的文化就是既有主体性，又有包容性这样一个概念。按照道家老子讲就是"致虚极"，"致虚极"才能达道。"唯道集虚"，虚就是要包容。我觉得虚就是要有空间，要给不同的文化、不同的朋友都留有空间。就像今天有这么大一个会场，可以容纳这么多人，就是因为有空间才可以坐到一起。这是一个非常重要的思想。近代著名的历史学家陈寅恪先生在总结道教的文化时提到"道教之真精神"，他把这个道教真精神就看做中华民族的一个缩影，既能不断地吸收外来的各种不同文化，又能保持自己本来的面目。也就是说，既要保持一个小我，但又要追求一个大我，融入到大的"道"中去。中华民族得以延续五千年与这一思想有密切关系。在当代，吸收这一营养也是非常重要的。我们要促进我们对外的交流，不断吸收先进的文化、科技来作促进、补充。另一方面两岸四地文化上是一个整体，但也有不同的地域文化。

另一方面谈到三教对话，共同的促进，其实历史上很多人已经做过贡献。比如说南北朝的梁代时期，有两个人物，一个是道士，一个是和尚。一个是道士陶弘景，这个人很有学问，既是道教的高道，又是医学家，还是化学家，也可以说是散文家。梁武帝要请他做宰相，但他宁愿归隐山中，后来被称为"山中宰相"。他用自己的行动促进了三教的交流。他做了一个《真灵位业图》，把道教的神仙排一个谱系，在这神仙的谱系中把孔子也吸收进来，排到了天庭的第三位，称为太极上真公。至于他自己，他既设道堂、也设佛堂，相互隔日朝拜。在道教史上，恐怕是一件非常典型的佛道交流的事件。还有一个和尚叫傅大士，主张三教合一。有一天他戴着道冠，穿着袈裟，脚上穿着儒履。别人问他为什么这样打扮，他说这叫："儒为基础，道为首，中间以佛为心。"

许：这就是林先生所说的空气、水和饭的关系。

张：我们历代人都在诠释一个三教合一的概念。其实我觉得更重要的还不在三教对话中，而是我们许许多多历代的大儒、高僧、高道，包括我们的社会大众其实都一直在默默地参与到我们的三教对话和融合中。中国人多重信仰的文化通过我们的行动也在促进这样一种三教合一，从而构成了中国宗教"道"的文化与"和"的文化。

许：说到这里，三位高见又引发我思考一个问题。诚如刚才林先生所说的中国人的多重信仰随处可见。比如我曾经在云南一个农村附近的山上看到一个小庙，我随机地走进一看，是没有僧人的庙，或者像老百姓说的野庙。但是它却香火很盛，香炉里的灰是满满的，香案上也是烛泪很厚。抬头一看，赫然释尊、老子和孔子三尊像。我就想是不是有这样一种原因，中华文化，包括原始佛教和由老庄之说后来延伸出的道教，都是产生于对现实的体验、观察与归纳。也就是从人到人，比如：老子、庄子是人，释尊出生在人间，生活在人间，弘道在人间，涅槃在人间，他涅槃之后留下的舍利仍然是现实的东西。儒家思想以孔子为代表，总结了夏商周，特别是周公的礼，而礼是从生活当中提炼概括成为一种规则，成为一种协调社会的机制，然后他提出"仁"，回到"仁者爱人"。

有些信仰（不是评价高低，只是说特色，说同中之异）是从神到人。所谓一元神（一神论），就是人赋予神创造世间万物的能力，包括人。这是一种二元的、神人的对立。人永远是人，不能成为"God"；神永远是神，不能变为"Person"。

儒、释、道都是如此。如果我本着"正信正念"，悟道了，我可以"立地成佛"；"佛者绝言"，圣者指引着。以前我和学诚法师谈到过，包括"一阐提"，都可以得到阿耨多罗三藐三菩提。道教也是，求其真，求自己精神的升华；儒者可以从一般的人到君子，由君子到贤者，由贤者成圣。所以，"从人到人"和"从神到人"是学理上一个很大的不同。

同时我又产生第二个问题，刚才张道长提到"三教合一"的傅大士，三教合一提倡的高潮是在明代，我现在想听听各位对"三教合一"的问题怎么评论？

学：释迦牟尼佛原来是一个王子，是个文武双全、非常成功的人，最后出家成佛，功德圆满。释迦牟尼佛出家是因为他看到老人、病人、死人、修道的人，看到了世人的痛苦以及出家修道的快乐。出家后，他悟道总结了人生有八种苦：生、老、病、死、爱别离、怨憎会、求不得、五蕴炽盛。"爱别离"是指跟喜欢的人不能在一起，"怨憎会"是指不喜欢的人却在一起，"求不得"是指要得到的得不到，"五蕴炽盛"是指我们人类的烦恼与痛苦，这八苦都是以人为本。他成道就是悟出了如何来解决人类的这些痛苦。"生老病死"是我们人的一种规律。"怨憎会"、"爱别离"、"求不得"、"五蕴炽盛"，是内在烦恼的问题，是人与人关系的问题。那人为什么会有"爱别离"、"怨憎会"苦？就是我们人心里有分别心，不平等，所以释迦牟尼主张"众生平等"，所有人通过自己的修道，最后都可以和佛一样成佛。

佛教传到中国以后开始与儒道融合，像每个佛教寺庙里都有伽蓝殿，很多伽蓝殿里供着关公，关公儒释道都敬奉。而在我的家乡，道教、佛教、基督教、不信教的人都会朝拜妈祖，这就是非常典型的代表，也体现了中国文化的多元化。

许：刚才林先生谈到了中国人的多重信仰，这对于一神论的宗教民族，借用佛经常用的一句话，简直是"不可思议"。我的一个学生是汉族，他的太太就是回族。不久前我到新疆，问到维吾尔族的姑娘，现在有没有维汉通婚？她回答说现在很多。我又问，从前只能汉族的姑娘嫁到维吾尔族的家里，现在有没有维吾尔族的姑娘嫁到汉族家的，姑娘说现在也有了。她说："委员长，我就想嫁到一个汉族家庭，你能不能给我介绍朋友？"这种家庭当中就会是多重信仰，在有的文明中是难以想像的。我想这就是大家所说的这种问题：多重信仰，或者数教合一论。时至今日，我想现在不必谈宗教形式上、组织机构上的三教合一，三教还是各自去吸收对方的营养来发展自己。但我们应该看到"三教合一"是有它的哲理和宗教本身的信仰内涵作为后盾的。是吗？

张：你的见解论调是"护法"。

许：那在座的各位、在家的居士、都是有信仰的，你们都是在家"护法"，"护法人"，"护法神"，都有可能进庙去被供养。

张：用道教的话来讲，中国人有一个追求，表面上来看是追求一个神明的保佑，我们祈求佛祖，祈求神明、祖先来保佑我们安居、健康、幸福和顺利。但从道教来讲，这中间有一个根本的追求，实际上就是对一个"真"的追求，对一个"终极真理"的追求，道教讲就是"真人"。所有道教的神仙得道以后都会有一个封号，封号就是"某某真人"。我家祖先就是"正一真人"，邱祖师是"长春真人"。这个"真"既是神，是外在、宇宙之间核心的力量，反过来也在我们身上。我们身上有神，我们身上有"真"。这个"真"与宇宙天地之间那个"真"是通的。所以在人生的追求或修行过程中，我们只有不断避免被异化，才能保持这个

"真"。所以道教教化人是讲不要被外在的名、利、权所左右。若被其左右，"真"就慢慢失去了，就离道越来越远。

许：张道长说的"终极真理"是我们从西方神学、哲学引入的词汇。在这一点上，我觉得中西差异是最大的。在基督教文化中，"终极真理"是"神"，"神谕"、"神启"，是已经注定了的。从诠释学来说，是一种权威诠释，我们后人只能是解释它、体会它。而在儒家、佛家、道家，这个"终极真理"是不同的。道家是一个"道"，"道"则"不可道"；佛家是"佛性"、"心性"，"心性""不可言说"、"不可思议"；儒家就是"成圣"，不断提升自己的道德和学识，也不是靠言辞说教。不知道这样的想法，林先生如何看待？

林：如主持人所说，东西方宗教从构成、性质、状态上都有很大不同。无论是儒、道、佛，我们的经典是一"交谈性的经典"，不是"启示性的经典"。说到宗教的"终极关怀"我们用"道"这个词。这个"道"是"道通为一，教出多门"的"道"。我们是"因道以立教"，他们是"立教以宣道"。

举一个日常生活中有趣的器物，我们使用"筷子"吃饭，西方人用"叉子"吃饭。其实，用"筷子"吃饭和用"叉子"吃饭是有学问的。把它翻译成哲学语汇，用筷子吃饭象征东方文化，这是"主体通过中介者连接到客体，构成一个整体，达到平衡和谐，才能够举起客体"；用叉子吃饭象征西方文化，这是"主体通过中介者强力侵入客体，控制客体"。这代表两文化形态的不同。他们所使用的语言是强势的语言形态，而我们则是弱势的语言形态。我们的沟通要从"可说"进到"不可说"，从"有"进入到"无"，从"有"进到"真空"最后回到"空"，所以，在我们的文化传统谈到"儒、道、佛"，讲到"和而不同"、"互动"就很有意思了。儒家很强调"述而不作"，其实不止儒家，佛、道亦然。它是一个传统的延续、转化和发展。它比较不是抓住某一个话语作为题目，经过论辩的过程而再有新的发展。他的重点在"诠释"的发展，是诠释、转化、创造及发展。做不做其实是"以述为作"，一步一步的发展。

谈到"儒、道、佛"三教，在修养工夫论上是互相关联，但却也互有重点。儒家强调"自觉"、"觉性"；道家强调"自然"；佛家强调"自在"。如何"自觉"呢？儒家又提出了"敬"，"敬而无妄"，不虚妄。道家也谈"静"，但是"宁静致远"的"静"，是"静为躁君"的"静"。佛教也谈"净"，是"净而无染"的"净"，这三个字的普通话发音一样。我很同意主持人的一个提法，我们现在谈"会通"，谈"三教合一"，我是不主张叫"同源"，因儒道讲"同源"，佛是由印度传入，明代后谈三教同源，三教同论，这个

"同源"是理上、道上说的"同源"，而不是时间、空间的"同源"。宗教间的差异性是一定要保持的。差异性的保持是人类进到现代化之后很重要的一点。我们必须对现代化性的普同性、一致性要提出一些批评，而我们古老的三教传统中是具有这样的批评能力的。虽然我今天代表儒家立场，但我基本也认同道、佛以及其他宗教。而且这些年来我从道、佛中也受益良多。儒家强调"主体的自觉"，这个"觉性"必须回到天地，而天地是道家所强调的。佛教则强调"缘起性空"，要放下，要证得阿耨多罗三藐三菩提，这觉性如何可能，这另外"觉"字应该放下，还有会通处，首先要谈还是会通。

我们今天在这里相会，这"会通"便是一个起点。我认为主办单位很会挑"天时"、"地利"、"人和"，得"人和"处。论"天时"论"地利"，我想澳门不算是最好，但是从"人和"作为起点，才有所谓的会通。人参与天地之造化，原先天地的和谐那是第一度的和谐，参与以后是要维系一个"常道"的，就是要达到第二度的和谐。这需要一步一步来，就像我们今天的这样一个发展，在华人社会中，我认为在一千多年前就已经发展过了，只是现在又是新的年代。佛教的佛经几乎都被翻译成汉语了，但是佛教的高僧，读再多的书，包括玄奘，他们还是会同意"依法不依人"、"依义不依语"、"依了义不依不了义"，"依究竟了义不依不究竟不了义"。最后在东方出现了佛，有了《坛经》这就不再只是"如是我闻"了，他有了进一步新的发展。我觉得这是中华民族在宗教上伟大的成就，也可以说是儒道佛进一步的发展。

就儒家来讲，宋明理学也可说是另一个儒道佛融通的发展。在台湾，各种宗教教团其实是朝着这个方向发展的。这些年来我们在海峡两岸互动来往，沟通很多，特别是最近十年，进步非常快。我是很期待我们用"筷子"的精神，有平衡和谐，有重整，如何能维系和谐及重整？在二十一世纪是非常重要。现在我们谈联合国，谈欧盟，其实，这些老早就在中华民族历史上出现过了，周天子不是联合国总部吗？在这里我顺便呼吁一下，我们各个大学都要注重我们古老的学问，其中蕴含有很多我们现代人忽略的东西。我们的教育系要有中国教育史；政治系要有中国政治史；社会系要有中国社会史。源远流长的中国教育，不能在西方霸权的入侵下，以为自己一无所有，不能"抛却自家无尽藏，沿门持钵效贫儿"。

今天我们这样一个内部对话，主持人客气的这么说，其实"内"必然通向"外"，就像儒家讲"内圣必然通向外王"，内外是通而为一的，是两端而一致的。"教"的会通会回到"人"，"人"最终会回到"天地"。我常跟年轻朋友说，这个时代现代性太强，只强调"我的"。现在要把"我的"的"的"去掉，回到"我"，再把"我"放回"天地"，这个世界就会美好些。这是我的一点感触，谢谢！

许：林先生不知不觉中把我们的对话引到了另一个课题，这就是当前不论是宗教还是整体民族的文明，还是每个人，所面临的挑战和冲击。刚才林先生说到有些年轻人以自我为中心，其实现在中心的概念太多了，比如人类中心论，就是和参与天地的造化这种中华民族的传统思想相违的；科技为中心，它忽视了人文，忽视了人与自然的关系；个人为中心，连家庭的和谐都难以维系。恐怕林先生刚才呼吁的有关中国的学问真正用"敬静净"来研究的，在大学里现在是凤毛麟角。包括我们的佛道两家，恐怕都躲不开当今社会上浮躁、奢靡与声色。那么，作为中华文化的三大支柱儒释道（姑且如此表达）如何应对二十一世纪？用汤因比（Toyn bee）的话说（他没有看到今天，没有看到新世纪的经济全球化的浪潮）如何应对挑战？面对这个挑战，如何守住我们自己文化的根，既要借助经济全球化，科技昌盛的有用的部分（我们不能离开这一浪潮），同时又对它的负面影响用自己的儒家的学理、佛家的佛理、道家的道理正确剖析、有效应对？这不仅仅是三教本身的事情，而且是中华民族昌盛与衰落的大问题。刚才林先生说到三教的"jìng"，作为儒家的巨擘，宋明理学特别强调一个"敬"，当然与孔夫子并不相悖，如"吾日三省吾身"，"三省"是敬的外在表现，现在有谁会三省吾身？刚才张道长说了自身异化的问题，这恐怕是全民族都要思考的事情，大家如何看待这个问题？我想听听学诚法师的高见，佛家如何看待这个问题。

学：这个问题很有意义，如何来面对挑战，这关系到如何对待不同文明的问题。常常听到关于不同的文明究竟是对话抑或是对抗的论述。现在提倡和谐，这样就能够处理好不同宗教、不同宗教文化、不同文明的差异。和谐本身是对各种文明、各种宗教不同的主体的普遍的尊重，大家是平等的。我们人的生命本身问题在后世究竟是存在还是不存在，以什么形式存在，这是宗教所要关心的问题。我们的行为以及行为的结果，佛教说"善有善报，恶有恶报"，我们今天所感受到的一切的痛苦、快乐，是因为过去的行为造成的。过去的行为有可能是前世、再前世，也可能是此时此刻的前面，也就是说我们的行为会引发痛苦，也会引发出快乐，痛苦的原因是因为我们造了恶业，快乐的原因是因为我们造了善业。善和恶是从其动机和行为来判断，而不是从结果来判断。世间上很多人认为对我有好处就是善，对我不好的就是恶。佛教恰恰是从人的动机和人的行为来判断。佛教的学问是一个生命科学，是向内的，其他的学说，心是向外的。佛教认为通过自己内在的烦恼的净化，人的行为才能善。世界上之所以会发生民族冲突、恐怖主义、地区冲突等等，从本质来讲，去杀人是满足自己的嗔心，去侵略别的国家、侵吞别人的财物，是满足自己的贪心。他不知道自己的行为给这个社会和他人引发了巨大的后果。如果人都可以认识到自己的行为会给这个社会或者他人带来严重的后果，然后回归到自心，这个社会、国家和人类就会和谐了。这是佛教不同于其他宗教的地方。

许：学诚法师，是否认为这是佛教的信奉者真正意识到"无苦集灭道，无智亦无得"，各种挑战都实际上拒之于千里之外？但是做到这一点太不容易了。

学：佛教里面先是讲"苦集灭道"，然后说"无苦集灭道"。苦就是我们痛苦的结果，集就是痛苦的原因，灭就是灭苦后的境界，道就是灭苦的手段。这些都去掉了，然后就达到了"无苦集灭道"。

许：因此就"远离颠倒梦想"，那就达到"涅槃"了。

学：那就"无恐怖"，恐怖主义也不存在了。

许：这的确是摆在中华民族以及其他民族面前的一个共同的问题，因为包括神学家在内的西方学者也说，时至今日，有智慧者一定要把眼界放开来看看其他文明当中的东西，比如西方的基督教神学家也是哲学家白诗朗曾经说，对于越来越多的有识之士，我们文明的、单纯的英美和欧洲资源，似乎渐成竭尽与垂死之象或至少是需要注入新鲜的观点。对一神论权威观点的经典诠释、或独断式的诠释，已经因为科学的昌明而受到极大的削弱，他们现有的理念、理论和信仰难以应对二十一世纪的需要。这是当前的情况。但是我朦胧感觉到，中华民族儒释道的情况说明，我们祖宗有那么多好遗产，而且我们也有这种智慧在祖宗的遗产上再向前走，找到解决个人的心性、解决整个社会问题的介质，科学地、正确地对待二十一世纪挑战的问题。我希望三位嘉宾可以就着无论是儒学或者是佛学、道学谈谈怎么在这样一个时候以一个新的内涵应对当前世界的情况，关注社会，促进社会的"敬静净"，只有这样才能达到和谐？同时，林安梧先生说大学研究这个的太少了，这是在学术研究范围的，佛学在寺庙中，道在道观，怎样对社会作出贡献？"自觉觉他""普度众生""人弘道"分别而言能做到哪一点？坐而论道是容易的，关键是我们能够为社会做点什么？我比较同意林先生的观点，恐怕要关注社会、借助社会，这才是一个真正的儒者。

林：刚刚谈到的文明，在我们华人的传统里面，对文明这个字眼，和"明"对立的一个字眼叫"蔽"，儒、道、佛基本上认为人类在文明发展过程里面，对于文明所造成的"蔽"要有所处理。道教认为回到日常生活，佛教认为缘起性空，儒认为某东西需要证明及求其实。在《易经》里面有讲"观乎天文以察时变，观乎人文以化成天下"，所以我们在谈人文，在谈文明的时候，基本上"人"是跟"天地"，跟"自然"合在一起的。所以，关于刚才主持人谈到的问题，确实是"坐而论道，不如起而力行"。大陆这几年推行清明节、端午节、中秋节等已落实为真正的节日，这不只是"坐而论道"，而是"起以力行"了。

许：在这个问题上大陆、台湾、香港的学者朋友都在评论。

林：另外，最近有朋友提母亲节，孟子的母亲是伟大的母亲，她的生日应该是母亲节。孔子生日在台湾定做"教师节"已经很久了。在儒家的传统里，人是放回天地、放回人伦、放回社会的。人之为人不是因为个体性的个人而已，人是在家庭、在人伦里面，人是在社会里面，人是在天地之间，人是在古往今来里。所以我们谈列祖列宗，谈到往世先哲，它生命是有一个纵深度、有一个超越高度和整个存在社会的广度、厚度，有纵深度、有高度。这样的人就不脆弱了，这是儒的独特点，但也是儒道佛三家所同意的地方。我觉得宗教的项目在台湾的通识教育里要包含进去，这非常重要，这个项目在大陆忽略了。

许：在中学的全面教育里没有注意到，在大学里有特殊学科，称"通史"。

林：所以说这部分，宗教的向度若被忽略，纵深度和高度就不足了，进而广度和厚度就很难达到了。

许：我也在大学教书，关于大陆的大学教育我也常发表一些议论。就我所知，很多大学开设了宗教的选修课，而且选修的人数不少。以前被认为迷信的宗教现在被认为是一种文化。还有一个"术"的问题，我们要关注这些课程如何进入学生的心里，而不是作为学生修学分的工具，并非急功近利的，教条的学以致用，而是儒、佛、道从不同的角度，用不同的理论去作用人心。如果起不到作用，那我们的课程又会被异化。我到学诚法师的寺庙，很感动，那天恰好是佛诞节的最后一天，庙宇很小，但是居士穿着义工背心，义工的人数约是僧人的一倍。我和居士们谈话，我觉得他们已达到道家的"静"，再深入倾谈，各位居士护法，在家能不能守住五戒？年轻的居士回答说他们就是按照佛经修行，这就是说又达到佛家的"净"；而在其他居士谈话中亦有儒。我们应该开辟更多的管道和平台，因为虔信者的能量很大，要搭建更多的平台让我们儒释道三家直接地、间接地作用于人。我觉得这是非常艰难的事，因为现在很多年轻人生活的目标就是上好高中，考大学，然后攻读研究生，拿到好职位好工资，女孩找到帅哥，男孩找到靓女，买好别墅、开好车，这是人生最大目标。你要从这种驱使感官享受的欲望中让他"自觉"做人，恐怕是世间难事，在这种挑战面，我们还需如何应付？

张：这确实是一个值得重视的问题。道教讲："信道易，行道难。"跟基督教不一样的地方是，"信道"不是一个很难的事情，但它强调的是"行道"。

许：在近代，"知易行难"还是"知难行易"是一场争论。

张：但从宗教文化角度讲，还是"知易行难"。"行"强调两个方面，一方面是个人修行、个人体验，体验这个"道"如何去做，居士到寺庙学经，体验生活，感受文化，在这里以此净化自己的心灵；另一方面是作为一个寺庙、道观，如何弘道。寺庙是载体，是我们弘道的一个重要阵地。现在从宗教来讲，重要的事情就是我们要把寺观做成一个真正弘道、弘法的地方，传法，传道，让人在这个地方可以感受到心灵的洗礼，这恐怕是宗教该起的作用。

许：包括这一点也受到很多冲击。我在很多寺庙、道观，看到导游在清静之地，大声向游客讲解。现在来讲，也不能禁止导游大量进入寺庙呀。

张：所以还是要减少寺庙商业性的因素。游览性质的活动要减少。

许：首先要"强"身呀！要发挥应有的功能。

刚才林先生所说的中国很多古学、经典虽然已无人问津，也是从"强身"角度来讲的。我们对中国的各个领域的文化一定要有所了解，二十一世纪也有中国文化"强身"的问题。这和学诚法师讲的要按照佛教教义、佛经来提高我们"在家人"、"出家人"弘法和护法的能力素质，真正渗透和创造一个好的安静的环境同理。我可以概括大家的意见：客观已经提出这样迫切的要求，而我们主观上还没有做好准备。一个准备是没有正确认识到宗教对促进社会和谐有极其巨大的作用，同时要给宗教（包括儒学）在社会中起积极作用提供种种的方便法门。然后，佛道儒也要与时俱进，提高自己的深度、广度与厚度。我想这恐怕不是一日之功。

由此，我想到另一个问题，在中国的文明中，任何宗教对于大自然、对我们生活的地球的观点三家是共通的，核心是彼此关心地处理问题。从这个角度说，儒道佛很多理念完全适用于现代。可以这样说，儒学经过嬗变，从原始儒家到宋明理学的"新儒学"，再发展到新时期的"当代新儒学"，是有一个嬗变的。对于佛学、道家，恐怕也有这个任务，又要有一轮新的阐释、发展。这是三学适应社会必须走的路。我们看看基督教，从原始的宗教到中世纪，再到后来文艺复兴，工业化时就有马丁·路德的改革，接着有加尔文的改革。直到今日当代的西方学者也在思考着改革的问题，要重新阐释。不知道三位对我这样的看法是否认同。林先生，当代新儒家就是对儒学经典，儒家学理进行当代的阐释，不知道能否用简单的语言论述一下包括杜维明先生在内的学者是怎样考虑这个问题的。

林：当代新儒学从第一代的熊十力、马一浮、梁漱溟，到第二代的牟宗三、唐君毅、徐复观，到第三代杜维明、刘述先，以及到我们，这样的发展都有一些阶段性的使命在完成。是为了整个族群的生存的危机找寻到立足点，像熊十力的《新唯识论》是在作形而上的追求，稳定而新型"道"的关系，是想经由这样的努力来克服整个民族存在的迷失，以及克服意义的危机。

许：熊十力先生是出于儒而入于释，出于释又入于儒。

林：到牟先生的时代，最重要强调的是"儒、道、佛三教恰当的分别融通，并进一步要如何应对现代化，以及如何开出民主和科学"。到我们这一代，其实问题又变了。它变成了"如何在现代化的学习过程里，让传统的智慧参与进来，做到更多元的互动和融通"。问题已经不是如何从"内圣"到"外王"，而是如何在"新外王"的学习过程里，"内圣"得以重新调节。这时候的问题就不是一个人要如何成圣、成贤、或是成君子，而首先要求的是成为一个社会公民。我这些年来的一个新提法是"公民儒学"。这里正是"公民"的概念跟儒家所说的"君子"有关系，但却又不同。

许：在我所看到的新儒家学说中，它所说的公民既是国家的公民，也是地球公民。

林：对。就是从一个市的公民，到国家公民，到亚洲公民，到全世界的公民。甚至如果有其他星球的人类的话，就可以到宇宙公民，是一步一步的发展，在新儒家之后的"后新儒家"。恰好就在台湾会举办自1958年以来的一个"中华文化宣言"刚好满五十年。可以来一个反思，不仅强调"儒、道、佛"更恰当的理解、融通，也强调与基督教、伊斯兰教等其他文明更恰当的融通。

许：谈到这个，我想到在澳门所举办的这个论坛平台，同时我在内地也想举办一个国际性的，不同信仰间的对话的平台。初步拟定在山东曲阜，可能第一场就是儒耶对话。接下来就可能是佛伊对话，又或者是佛婆（婆罗门）对话。这样把我们的视野和声音放到国际背景下去参与、去检验，这也是一种试验。我们今天这个论坛一直保持我们中华内部的对话交流，那个论坛就是我们作为一个整体，与其他不同文明的对话。到时我希望大家能够光临！

林：谈到"儒、道、佛"，儒家很强调承担，强调"我，就在这里"；道家则说"我在这里"之前要先了解"我，在天地之间"；佛教讲缘起法，是彻底观照到人的限制，是"我，当体即空"。三教已有恰当的融通和学习，如何将三者相互对比和合。"我是什么"，现代强调的"我"，异化程度十分严重。儒、道、佛在心理学界，在这方面"儒道佛"是很重要的。在十几年前我出了一本书，有关"中国宗教与意义治疗"的讨论。在台湾本土心理学也有互动，在这一方面，可喜的是，我想进一步要处理的是三教如何面对"现代性"的问题。现代性的"我执"性太强，而三教于此刚好可以有批判与治疗的作用。

　　许：我认为就像张道长所说的"知之易，行之难"。而"知"与"行"的关联中介，用儒家的话说就是"自省"；用佛家说就是"开悟"、"明心见性"；用道教说就是"真""一""静"的体验。其实关键的问题是要有一种宗教式的体验。这是信奉者与不信奉者的一个巨大的差异。比如在大陆于丹讲论语，据我所知，于丹自己有自己的体会，她对今天社会的浮躁与圣人的教导相背很忧心，她对自身的要求我觉得也符合她所说的。但她的书卖到一千万本，是不是每个人都"开悟"？所以，如何融合儒释道三者，把自己内心的体验（不可言说的），用什么方便法门引导社会、人们也都走向这里。或者像常语说的"渐入佳境"，我想这也是值得我们思考的。不知道张道长在弘道的时候有哪些经验。

　　张：宗教就是要随着历史的发展而发展的，从一个教化的角度来讲，再高深的宗教哲理都要落实到人的生活层面上去才能起作用。教化要有对象，没有对象，再好的教化也落实不了，所以道教说："随方设教，历劫度人"。时代发展到今天，我们的教化形式、宗教体验方式都要有所变化，以适应这个时代。但是有一点根本的，道教讲"道在人中，人在道中"，就好像"鱼在水中，水在鱼中"，是一个互相交融的关系。我们必须保持这种交融的关系才能达到作用。

第一个方面，道教修持最重要的一个基础就是如何"静"。《道德经》里说："清静以为天下正。"《清静经》说："人能常清静，天地悉皆归。"《坐忘论》里讲："静则生慧。"静下来后，神才能安，安神后才能更好地处理问题。作为宗教体验来讲，我觉得应该朝这个方向来引导。这样才能"体道"，才能"悟真"。第二个方面就是道经中说："人在道中，道在人中"，让我们在人生中过得更好，让大家在生活中体会这个"道"，从而对我们的生活行为有所启迪，让我们的人生过得更好。

许：所以在寺庙、道观修行的高僧高道，都要遵守宗教的寺规，要坐禅。坐禅本身就是求得心静。静而定，定而慧。我们儒家也坐禅，香港的饶宗颐教授就每天坐禅。从林先生讲的"敬静净"，到学诚法师的"体悟心自净"，到张道长所说的"静中求真"，求一，恐怕都需要人们面对自己的人生价值有一个反思，明确了在自己对于更崇高的东西的追求之后，心静下来，在纷繁紧张的生活中可以求得片刻清净。这恐怕也是三家所共同的任务。

对话的最后，请允许我做一个总结。美国哲学家狄百瑞在对朱熹的评价中认为，朱熹阐明了任何时代的儒家学者是怎么样通过对儒家传统的重新获取而能对社会更新有所帮助；并且阐释了在当今世界，中国内部的改革和更新的理想又是怎么样为创造一种全球性的人道意识而提供灵感。这是一个母语非汉语、文化根源不在中华的学者以他的智慧、眼光及研究工具得出的结论。我想这段话概括起来就是，儒家学者对社会的责任，以及他对中国现在的学者不断与时俱进，改革更新，为全球的人道意识提供智慧的期望。因为狄百瑞研究的是"新儒家"，其实，我想这段话也适用于佛教和道教，以及中国其他正在逐步中国化的宗教，譬如伊斯兰教、基督教及天主教。我想今天我们的对话也是在尽这样的责任。

我衷心希望我们的儒家学者、高僧、高道为了给人类世界和平，提供大西洋彼岸的人们在期待着的中华民族的智慧多作贡献。让我代表三位对话嘉宾祝愿在场所有的护法、学者永远家庭和谐，永远吉祥健康。我也希望继禹道长、学诚法师、安梧教授三位在各自的事业上有更大的成就，为民族和谐，地球和谐，宇宙和谐作出努力。谢谢。

开示人心　和谐共创

——在第二届世界佛教论坛①上的讲话

（2009年3月28日，江苏无锡灵山梵宫）

　　杜青林②副主席，尊敬的一诚③法师，星云④法师，觉光⑤法师，尊敬的各位高僧大德：

　　首先，请允许我向第二届世界佛教论坛的举行表示诚挚的祝贺。

------

　　① 世界佛教论坛由两岸三地佛教界发起于2005年，其宗旨是为世界佛教教徒搭建一个交流合作的高层次平台，为中华佛教界提供一个宽阔的舞台，更为海峡两岸佛教交流提供良好契机。首届世界佛教论坛于2006年在浙江举办。第二届世界佛教论坛经过两岸三地佛教界的充分酝酿，反复沟通，首度携手合办佛教论坛，　2009年3月28日在江苏无锡盛大开幕，4月1日在台北闭幕，本届论坛聚集全球2000多位佛教界领袖及学者参加。论坛的主办方为：中国佛教协会、国际佛光会、香港佛教联合会、中华宗教文化交流协会。

　　② 杜青林，十一届全国政协副主席，中共中央统战部部长。

　　③ 一诚，全国政协常委、中国佛教协会名誉会长，时任中国佛教协会会长。

　　④ 星云，国际佛光会世界总会创会长。

　　⑤ 觉光，香港佛教联合会会长。

这次论坛是在一个特殊的时刻举行的。特殊，就特殊在由美国次贷引爆的金融危机已经严重地损害了许多国家的经济发展和人民的生活，进而引发了社会冲突和政治动荡。因缘际会，论坛的"和谐世界，众缘和合"主题，贯穿着法缘广结、佛光普照、世界一家、众生平等、高度和谐的崇高理念，是28届北京奥运会"同一个世界，同一个理想"主题的延伸。在世界迷茫、众心不振、危机四伏的当前，世界各国高僧大德汇聚于此，发慈悲喜舍无量心，抚慰众生，引渡众生舒困解难，明其因缘，祛迷释疑，不啻为一片混浊云雾中的一股清风。

这次金融危机，究其根本乃是人心的贪、嗔、痴所致。多年来，甚嚣尘上的没有边界的个人主义、毫无节

制的物质贪欲、不择手段的利润追求，催生了巨大的金融泡沫。少数寡头在制造泡沫和泡沫破灭过程中两头通吃，连美国总统奥巴马也说，这次金融危机来源于部分人的贪婪和不负责任，金融大鳄索罗斯曾经坦承金融市场没有道德，只有规则。而这规则就是为了三倍的利润而疯狂。这种拖进整个世界的疯狂结果，是让众多国家和无数老百姓陷入灾难。毋庸讳言，在被推向苦难的人中间有一部分也曾为膨胀的物质享受或一夜暴富所惑，误入圈套而不能自拔；但是更多的则是被殃及的池鱼。各国政府固然应该采取经济方面的挽救措施，给人民以必要和可能的援助，但是，无论是就眼前舒困而言，还是从长远计，更应该多多培养平常心，平等心，自利利他之心，更应该引导人们诸恶莫做，众善奉行，以遏制社会伦理道德的急速沦丧，以扶持战胜困难、创造更美好未来的信心。宗教当然不能解决大千世界的一切问题，但是在发展经济和强调伦理某种几乎是必然的冲突当中，寻找到一个合适的平衡之"度"，是各种人类文明的共同责任。无论是儒家的克己复礼、中庸之道，道家的去奢、去甚、去泰，还是释尊通过种种法门对众生的教导开示，都是治疗人心的良药。

尊敬的各位领导，尊敬的各位高僧大德：

此次论坛在无锡开幕，将在台北闭幕。这在一年多以前还是难以想像的。海峡两岸关系的改善，此次论坛开幕闭幕的安排，就是和谐共生的一种象征，一种展示。两岸关系的和谐发展绝不只是中国人的事情，也是整个亚洲，乃至全世界的大事。前天此时，我还身在台北。在会见国民党名誉主席连战先生和主席吴伯雄先生时，双方都谈到两岸人民都在期盼着这次论坛先后在两地举行的盛事。吴先生还说，贾庆林先生在无锡开头，我在这里接着，这也是两岸关系中的一段佳话。在与各界老友新朋欢晤时，在参观佛、道两教道场时，我再一次感受到台湾同胞和大陆一样，对于宗教的信赖较之十多年前更加广泛而虔诚。我想，这正反映了在这物欲发飚、心灵空虚的时代，人们对道德伦理重兴的重视，对两岸和平共存的期盼，也预示着此次论坛必然成功圆满。这也是我最后要表达的最良好的祝愿。

谢谢各位！

祈望大师的出现

——和学诚法师①的对话

(2009年9月3日，北京龙泉寺)

整理者的话

今天是众生欢喜的日子，也是佛欢喜的日子，更是龙泉寺僧俗二众欢喜的日子。在这个欢喜的日子，龙泉寺迎来了一位对很多人来说很熟悉的客人——全国人大常委会前副委员长许嘉璐先生。在有些人眼里，许先生可能是一位雷厉风行、讲求实干的领导；而在另外一些人眼里，他却变成了一位和蔼可亲、平易近人的长者；

---

① 学诚法师，全国政协常委、中国佛教协会驻会副会长（协助会长工作），中国佛学院副院长、中国佛教图书文物馆馆长、《法音》主编、福建莆田广化寺方丈、陕西扶风法门寺方丈、北京龙泉寺方丈等职务。

在有些人眼里，他可能是一位学识渊博、品格卓尔的老师；而在另外一些人眼里，他又成了热心报国、忠心为民的赤子。一个人终其一生，能扮演好一种角色已属不易，而要同时完成好几种不同的角色，那就更难。有幸几次接触许先生，我觉得许先生当属后者。

上午8：00左右，龙泉寺的僧俗二众便在山门口列好两队准备迎接。8：10，学诚法师从山门一路下来。穿上黄海青的师父，显得格外自在、飘逸，不禁吸引了站在两旁的弟子们的目光。8：28，许先生到达龙泉寺，师父走向车前迎接，身边的侍者法师随手将一束鲜花献给许先生。

许先生虽然今年七十有三，但显得格外神清气爽。看到许先生，就想起孟子说的"吾善养吾浩然正气"。一个有体魄的人，常给人以力量；一个有正气的人，常给人以振奋；而一个有志向的人，则能带给人以希望。所以，孟子说"志"乃是"气之帅"，而"气"则是"体之充"。一位年过古稀之人，本是颐养天年之时，而许先生仍旧不辞辛苦，四处奔波，其内心深处必然有一种超乎常人的愿望，而这一点在随后许先生的一言一行、一举一动中都能带给人以启迪。

许先生下了车，看到这么多排好整齐队列的法师和义工，便一路高兴地向大家合十致意。在师父的引领下，许先生一行朝着山门方向走来。当走到义工旁边时，许先生停了下来，与几位义工微笑着握手、合十，问他们叫什么名字，家是哪里的。许先生这么一个简单的举动，一下拉近了他和信众的距离，立刻让当场的气氛活跃起来。

走进山门，跨过金龙桥，来到了流通处旁边的接待室。

师　父（指学诚法师，以下简称"学"）："来来来，请坐，喝一点水，我们就准备去念经。"（师父一边招呼许先生，一边让法师拿出上午的活动安排表，向许先生介绍：）"上午主要有三场活动：一场是盂兰盆供，这个是仪轨；第二场是普佛；第三场是供僧。供僧的时候，您看我们是单独用斋，还是与僧众居士们一起吃？"

许先生（以下简称"许"）："当然一起用，随缘么！"

学："好的，那我们就一起用！"

许："举行过堂的仪式吗？"

学："有，不过是简单的念经仪式。"

许："那就和信众、居士们一起用斋！"

学："给您送一套八十《华严》。"（师父知道许先生喜欢诵经，专门为他准备了一套八十《华严》。）

许："啊！谢谢！我读的是龙藏的《华严经》，大正藏的字小。"

学："这个版本字体比较大，读起来更方便。"

许："你看我的毅力还可以吧？我把龙藏的《华严经》和《妙法莲花经》等都读完了，就是《大般若经》还没有读完，这部经太大了，太多了！"

许先生的感叹不是没有道理，《妙法莲花经》不过七卷，《华严经》有四十卷、六十卷和八十卷三种不同版本，而《大般若经》却足足有六百卷！要发愿诵读这些大部头经典，没有相当的毅力，是绝对坚持不下来的。

学："不读华严经，不知佛富贵！"（师父笑着说。）

8：40，师父和许先生在引礼师的带领下离开会客室，前往西跨院，参加盂兰盆法会。西跨院已经整整齐齐地站满了前来参加法会的居士，现场布置也格外庄严：法台的上方已经架起高大宽敞的凉棚，上面搭敷上一层洁亮的黄布，饱经风雨的西方三圣画像终于有了一片可以安置的圣地；台下除了有序地摆满凳子之外，空中还飘着缀有诸佛画像的浅蓝色绣旗。在两序大众合掌恭迎下，师父和许先生缓步来到法台上，法会便在唱诵中开始。先是师父拈香、许先生拈香。之后，许先生入僧众序列，师父站到中央主持法会。法会于9：10结束，因为离开普佛还有一段时间，师父和许先生又来到会客室。

许："来的居士们都很虔诚！"

学："佛教文化的生活化，佛教报四恩中就有报父母恩。盂兰盆法会就是僧俗两众报答父母之恩，为天下父母祈福的盛会，所以大家都肃穆恭敬。"

许："对！生活化，报父母恩。老百姓有一句话：'生儿方知报母恩'。出家人因为持戒，不生儿育女，但报父母恩的情结往往比不信佛的还要深。为什么呢？出家人观察体会到了人生老病死的苦啊！报父母恩，这也是我们中华文化的特点，像犹太教、基督教、天主教、伊斯兰教、日本的神道教，甚至印度教，都不强调报父母恩。佛教中国化之后，也开始特别强调报恩思想，这一点与儒、道相通。为什么要报父母恩呢？就是因为父母生育、哺育儿女之恩重如山。尤其是以前生产力不发达，社会又动荡不安的时候，多少母亲在生孩子时候就死掉了！到现在也是，如果遇到难产等意外，母亲孩子只能保一个，母亲一定说：保孩子！就是自己死掉也要保孩子！这是多大的恩！然后是三年不离怀，三年哺乳——实际指跨三个年头。这三年，真是含在嘴里怕化了，捧在手里怕碎了，裹在被子里怕闷了。要是孩子一得病，父母什么都不问了，抱着孩子就往医院跑。

像这些父母的呵护养育之恩，怎能数得完！作为儿女的，又怎能不思念报答！如果一个人连父母恩都不感了，还能对朋友好？还能对上级好？对下级好？对国家好？不可能！所以孝是本呐！"

学："百善孝为先！"

许："是啊！这忠与孝啊，它们是连着的。孝放大了，就是对国家的忠，对老百姓的慈。反过来，忠缩小范围就是孝。如果一个人回家就跟父母吹胡子瞪眼，然后说公司就是我家，我爱公司，这是绝对不可能的事情！"

有个法师问道："许先生，那么别的文化和宗教为什么对孝并不是这样强调呢？"

许："有的是不强调，有的是不赞成。像犹太教、基督教、天主教、东正教，都是反对尽孝道的。"

学："他们认为人是上帝创造。"

许："对，是上帝造的。所以他们说：'我要皈依上帝。'人与人之间都是平等的，大家都是被造物，除了上帝是'主'，所有人都一样。"

学："都是弟兄姐妹。"

许："所以孩子对父母和长辈甚至直呼其名，十八岁之后逐渐远离家庭，平等的观念很鲜明，这一点与中国认为社会是动态的层级的构成截然不同。"

学："我们中华传统文化的核心观念就是一个

祈望大师的出现

孝道。"

许："对。我们主张尊老爱幼、父慈子孝，就是这种层级间各有义务这样一种观念的反映。那为什么要报佛恩呢？佛给人以思想，给人以道德的升华，所以也要报佛恩。一个人不过就是一堆碳水化合物，之所以区别于畜生，就在于人能够觉悟。那么这种觉悟又是谁给的？是社会，是国家，还有佛。我们今天能有这样的作为，能有这样的知识，能有这样的心肠，慈悲的心肠，又怎能不报国土恩？不报众生恩？不报佛恩呢？佛是到最后给人以升华的。是不是？我解释的对不对？"

许先生笑着扭头问师父。

学："很好，大慈大悲！"

9：50，师父和许先生到佛堂参加普佛。10：45，普佛结束后返回会客室，稍作休息，就要参加在西跨院举行的斋僧法会。

许："龙泉寺没有设为旅游点？"

学："没有，在龙泉寺里烧香、用斋、与信众结缘，一切都免费！今天用完午斋，请您给大家开示。"

许："我怎么能开示呢？我是来接受开示的。我总希望将来有一天，能开无遮大会，在这个大会上，不仅仅进行佛理的探讨，也包括交流宗教体验。我觉得现在佛教界对佛法的弘扬有两个倾向值得注意：第一种倾向是过于西化。现在很多寺院和出家人对佛法的研究局限于某一宗或某一经，而且用了很多西方的名词来解释佛教的教义，是不是不这样做就不是学问？我觉得这样就有点过于西方学术化了，而西方名词术语的内涵和佛教相距甚远；另外一个倾向呢，就是我们的老一辈，当然涵养很深，修行也好，但是不能用大众化的语言来讲解，所以一般的人也不容易听懂。我觉得你的博客，还有这几次你讲的唯识讲座，以及和北大学生的对话，都很好地避免了这样两个倾向。将来开无遮大会也是一样，谁都可以来，如果信众听得莫名其妙，那就是败笔了。如果能用佛教的语言，同时又有中华文化的特色，能为更广大的普通信众服务，这就很值得提倡。"

学："在过去，对佛教各个宗派的法相名词，都有各自的规范，但现在都错乱了。不但佛教本身教义的规范化错乱了，现在又把西方的世俗的这些名词套进来，就更混乱了，这样讲起来就不知所云。伊斯兰教存在解经的问题，实际上佛教也需要解经。"

许："就说基督教吧，大约每过三四十年，《圣经》就要重新解释一遍。西方社会的节奏快啊，每三四十年就要出一批解释。伊斯兰教没有节奏，随时都在解释。原教旨主义怎么出来的？就是不允许根据时代的变化进行解释，要保持经典的原意，其实这也是一种解释。比如《古兰经》上有这样的话：凡是崇拜偶像的，全是你的敌人；凡是不信仰安拉的，都是你的敌人。在伊斯兰教里，先知默罕默德传达的安拉意旨也有不得杀戮的戒律，但如果是崇拜偶像的和不信安拉的，你去杀他，那是无罪的，这就是所谓原教旨。我们佛教在过去有很多的论和疏，也就是历代高僧大德的解释。可是近代就少了很多，将来就靠你们这些高僧来疏解了。这项事业不分儒释道，都一样。南宋的朱熹，是典型的儒学大家，却受到了佛教很深的影响，渗入到他的理学里面。有意思的是，朱熹不但为《四书》作注，为《诗经》作注，还为道教的《阴符经》作注，从我目前所看到的来说，他的注是最好的，确实是下了工夫的。他研究了道家的东西，也有助于更好地发展儒家。（对周围的法师：）所以学诚法师让你们读儒家的经典是对的；多少高僧大德，实际上都是初儒后佛，出儒入佛。"

学："那位小沙弥，《四书》、《道德经》、《庄子》、《古文观止》都背诵过。"

许："你在哪里毕业的？"

贤　乙："我是在龙泉寺，很小就来这里。"

许："现在受戒了吗？"

贤　乙："还没有。"

许："刚才我所说，是我给学诚法师出的题目，将来有时间我们坐下来好好聊一上午。还有一个问题，就是关于受戒的问题。只受一次戒似乎不够完善，我觉得应该把三坛大戒分开，要讲层级。"

学："对，分层次。"

许："要把沙弥戒和比丘戒分开。"

学："比丘戒和菩萨戒也分开。"

许："藏传佛教这点比较严格，虽然他们不叫这个名字。这样才能鼓励人向上啊！而且这样就有了一个标准衡量，不然一受戒，大家都一样，不能激发人的上进心。当然这样做也不是为了求什么名。和尚是出家人，这些名啊什么的都已经不重要了。只是说你要弘扬佛法，那么你到底到了哪个层次了，至少要有一个标定。现在太松散了。应该把沙弥戒、比丘戒、菩萨戒区分开，参考以前的受戒仪轨，重新设计。"

学："三坛大戒本来应该分开受，但在中国到了清代以后就逐渐放在一起了。"

许："台湾是不是也这样？"

学："也是在一起。"

当许先生后来谈到应该培养大师问题时，有位法师问道："许先生，在您眼中什么算是大师？"

许："我所说的大师，也不限于佛教大师，也应该有道教大师、儒家大师，也可以是某一领域的大师。所谓大师，第一，善于继承，能把自古以来的东西，特别

祈望大师的出现

是其中的精要，化为自己的；第二，他进一步的研究能代表一个时代的水平；第三，他的风格和思想，给后人指出了今后一个时期的路径和方向。一个大师，未必能得到当时人的认可。像我的太老师黄侃，是章太炎的弟子，虽然他后来主攻'小学'，但是对南北朝的玄学等等也有很深的研究，而章太炎对佛学、中医有很深的研究。在他们活着的时候，没人称他们为大师，但时隔几十年，回过头再一看，都是大师。"

法　师："思想比较超前。"

许："不仅仅是超前。他们对于古代的经典，都是烂熟于心，而且又不是书虫，不但背了，还能抓到最关键的东西。他们的见解和成就，代表了那个时代的水平，同时树立了一种风格、路径和方法，都值得后人遵循，能够影响相当长的一段时间。我们肯定能出大师，但是要创造条件。"

法　师："那是什么样的条件呢？"

许："'宁静致远'。拿佛教来说，把寺门关上，静修，深研经典，体悟。整天车水马龙、熙熙攘攘，怎么出大师？"

法　师："那寺庙的经济来源怎么办？"

许："很多寺庙都像你们龙泉寺，真正是虔诚敬佛修佛，大慈大悲。我相信居士和义工看到这种情形，哪怕他只有五毛钱，也愿意投到功德箱里。出家人过的是一种最朴素的生活啊！而且现在有慈善心的人越来越多，虽然比国外还差很多，比台湾也差，但是正在越来越多。再加上有的寺农禅并重，像一诚法师的云居山，还有天台山的国清寺，情况就更好一些。"

学："我们这里也有种菜。"

许："是啊！龙泉寺也是靠信众供养。有的人想发财，这本来就是贪，贪嗔痴的第一个字。我在第二届世界佛教论坛上讲，关于这次金融危机引发的原因有些人说得神神乎乎的，其实就是一个贪嗔痴造成的。我看到学诚法师送我的《法音》，还把我那篇文章全部登出来了。"

学："全文照登。时间到了，我们要去用午斋了。"

11：10，斋僧。

11：35，在师父的引请下，由许先生为大众讲话。

11：55，又一次来到会客室。

许："对父母的爱，虽然是报四恩的一个部分，但四者彼此之间密切相关，并不是相互独立的四大块。"

学："对，是一个整体。"

许："是一个整体。现在有个大问题，中外都没有解决，我在一个国际研讨会提出来的。现在世界上的一个最大困惑就是物和欲的关系问题，身和心的关系问

109

祈望大师的出现

题。就拿中国来说，如果不搞市场经济，不引进西方的科学技术和管理方法，那就可能将来成亡国奴。四十年前我国是'六亿舜尧'，现在是十三亿人，将来是十五亿人，落后就要做人下人。因为我们一穷二白，所以还需要加快发展。这一加快发展，自然整个国家变得复杂，人心复杂。这是两难选题啊！现在我们国力已经达到一定水平，但今后不可能老是百分之十几的增长，不可能的事情！如果永远加速度，国家就乱了，贫富差距增大，环境破坏加速，人和人全是金钱关系，这还得了！我所说的'大问题'就是：又要发展，又要保持民族的心，这个度怎么掌握？宗教界、哲学界、社会学界都应该深入研究这个问题，不能只是抱怨社会上存在的一些现象。这个问题真的不好解决，从理论上不好解决，从实践中如何把握不好解决。不过，现在中国开始露出点迹象了，这就是全社会开始重视文化建设。但是建设的力量有时不如那个物质拉动的力量，是不是？"

学："还有破坏的力量。"

许："是啊，拉动就是破坏了。就说这个茶，禅跟茶是不可分的，所以赵朴老写过禅茶的诗啊！赵州和尚用'吃茶去'一句话，就让人开悟啦！茶可以富农，于是为了增加产量，开山！这样一来就破坏了环境。有了茶园，就开始上化肥，种得多了，虫子也来了，然后上农药！到市场上，卖高价！全来了！怎么办？都照原来那样，不打农药，不上化肥？可是就那么点茶园，老百姓又怎么富啊？真是麻烦！是不是？现在佛教讲首先从救人心开始做起，先让心静下来行不行？先把握自己的心，不去贪。所以我跟我的学生说：我真正开悟啊，是在1976年。那年唐山大地震，你们能想像吗？一分钟之内啊！二十四万生灵没了！那时候，我才对佛经里面说的'空'有了一种刻骨铭心的体验。而在那之前，对佛经的学习，还基本上是当作一种资料来翻阅的。地震发生时正是深夜，或许夫妻刚刚吵过架，婆媳为了几块钱斗过气，摔灯打碗。然而，一阵摇晃，全部完了！让人感到无常！一切都是流动的，变化的。这是我第一次，在这之前有一次还没太悟。我做公益事业从楼上摔下来了，摔得非常巧，只是软组织挫伤和脑震荡。当时的诸多因素中如果有一样不具备，我至少是残废！当时是摔在水泥地上啊！1991年我为义务教育法执法检查到了青海，在四千多米的山上，车出事情了，又是差那么一点点！两毫米！否则，我要么高位截瘫，要么当场死亡。我就悟了，把生死的问题，名利的问题，毁誉的问题，看得如浮云。我就秉承着我所受到的教育，该怎么做就怎么做。此后逐步深入接触佛、道，年轻时所读的《金刚经》、《心经》，当时读不懂，再读的时候，就懂了。当然是自认为懂了，跟你们比我还是没懂。所以我说先从救人心开始做起。向你们学习！"

学："佛教中的开悟都是同生死有关系的。"

许："对。其实世界上所有的宗教，最后要解决的都是生死问题。"

学："不是生活问题。"

许："不是生活问题，就是个生死。世尊是如此，老子也是如此，犹太教也是如此。"

学："既要解决生死问题，又要把这个生活搞好。"

许："你们注意到没有？今天做法事和刚才用斋的时候，场上秩序比机关开大会还肃穆！一般开会没这么安静啊！"

学："大家都自觉了。"

许："他有一种信仰！有信仰，就有一种自律。信仰和自律内化，起码已经化为自己的末那识，然后再化为阿赖耶识。什么叫自觉啊？那就自觉了。我用的是唯识名词，你要请教学诚法师了。"（许先生笑着对身旁的法师和居士说。）

学："有些人出了这个场就不行。"

许："对！"

（大家都笑了起来。）

学："基督教每个礼拜都会到教堂做礼拜，这是有道理的。每个礼拜过一天宗教生活，可以缓解人的工作压力。现在我们的佛道寺观只是烧香，缺乏教化的功能和相应的设施。这方面台湾就有所改进，比较注重教育的功能，而我们大陆的寺庙就存在一个功能转型的问题。"

许："对。西方教堂绝大多数是开放的，有的要钱，有的是免费的。绝大多数游客来参观的时候，第一，都是很肃穆的，说话都是悄悄的；第二，不做礼拜，不做弥撒。做礼拜做弥撒的时候，就没有游客，有游客的话，你也作为信众，坐在那里忏悔。所以能够保持环境的清净。极个别的，像巴黎圣母院，在弘道的时候也有游客，但是互不干扰。这种情况很少，因为巴黎圣母院太有名了，禁止不住，其他教堂都是分开的。我们现在是，做早课的时候游客还没有来，做完了，游客来了。斋堂呢，和游客就隔着一道门，大姑娘喊小媳妇叫，孩子哭老人闹，你静不下来。得给你们创造条件。"

（说着，许先生站了起来，说：）"我得赶回城里了，下午大会堂还有活动。"

学："辛苦！辛苦！"

许："阿弥陀佛！谢谢学诚法师，谢谢龙泉寺，谢谢你们！"

中午12：15，在师父以及龙泉寺僧俗二众的送行下，许先生离开了龙泉寺。

望着许先生远去的背影，脑海里不断涌现出三个多小时来师父及许先生所讲的每一句话。我已无暇顾及许先生在这短短的几个小时内都曾扮演了哪些角色，但对我来说，他那"学而不厌，诲人不倦"的形象已经变得那样的鲜活。而此时此刻的我，竟莫名其妙地感到是那样的富有……

（来源：新浪网"学诚法师的博客"）

知恩，报恩

——在北京龙泉寺盂兰盆会^①上的开示

(2009年9月3日，北京龙泉寺)

学诚法师，各位法师，各位居士，各位信众：

非常荣幸参加了龙泉寺举行的盂兰盆法会。我为什么来参加盂兰盆法会？这应该说是因缘际会。龙泉寺在学诚方丈的主导下，成了北京难得的一块清静之地。我来参加，是要亲身感悟龙泉寺慈悲为怀、普度众生所营造的神圣、崇高、洁净的气氛；同时，我要和各位居士、各位信众一起感受盂兰盆节所提倡强调的一个"孝"字。"孝"——包含在佛教所提倡的"报四重

---

① 据大藏经的记载，"盂兰盆"是梵语，"盂兰"意思是"倒悬"；"盆"的意思是"救器"，"盂兰盆"的意思是用来救倒悬痛苦的器物，衍生出来的意思是用盆子装满百味五果，供养佛陀和僧侣，以拯救地狱中的苦难众生。这种仪式最早从南北朝时期目连救母的功德法会中开始流行。中国各地逐渐形成了放焰火施饿鬼食、在河中放莲花灯为主的民间习俗，主旨是拜祭先祖，超度亡灵，送走灾祸疾病，祈求吉祥平安。

恩"之中，即要报父母之恩。要报恩，首先要知恩，只是道理上"知"还不行，还要"感"，也就是对父母之恩要在当时或事后感动于心，自己年岁越大，父母越老，回首往事感动越深。知恩了、感恩了，才会想到报恩。今天我也随缘，和大家一起在肃穆悠扬的梵呗声中，回想自己曾经蒙受的父母之恩。

我已年过古稀，当然父母早不在人世了，我怎么报父母恩呢？那就把我的余年，我的知识见解，我的经

验，奉献给自己的国家、自己的民族、自己的学生朋友，献给人类，我想这也是一种报父母恩。父母一生善良，他们主要生活在旧时代，在兵荒马乱、半饥半饱中把我们兄弟姐妹拉扯大，他们期盼的就是天下太平，安安稳稳地过日子。这也

是千千万万父母亲的愿望。我为此而尽力，就是报他们的恩，报天下所有为人父母者的恩。

今天的法会我从头参加到尾了。感谢诸位法师、各位信众！入庙门的时候，各位给了我真诚的肃穆的欢迎。整个的活动让我想到，今天我们在这里见面就是一种佛缘。当今的世界是一个躁动的、人心撕裂的时代。我们难得有这样一个机会聚到一起，让心静下来。我看到在我们信众中，有很多年岁比较大的，他们平时家务事、儿孙事、邻居事、柴米油盐事缠身，整天没有清闲的时候；有很多年轻信众的生活压力、工作压力很大，也成年累月忙忙碌碌。而人心、本性，也就是我们佛教所提倡的自性，就在这忙忙碌碌中被我们自己忘记了。

大家前来参与法事，就在这佛堂里，就在这斋堂上，心宁静了，我们回顾了，我们反问自己。举例子说，今天我们请的斋饭，恐怕没有一粒米、一片菜叶是我们自己种的，是不知哪里的农民生产的；饭钵、饭盒、筷子、汤水，都是居士们以慈悲之心为我们准备的，是不知那个厂的工人制造的。我们今天能够享受，难道不应该感他们的恩吗？

孟兰盆节让我们反思：我的身是父母给予的，我的心最初开启的也是母亲，是父亲，有了这种开启，又接受了社会的熏陶教育，我们才成为现在这个人。不管年轻的、年长的，有这样一个宁静的时刻回顾，反问自己：当年我们对父母尽孝了吗？什么叫尽？尽就是完全，就是彻底，就是尽其可能，真心诚意。有的人可能做得好，有的人包括我自己在内，年少无知时有股子叛逆性格，常常和父母冲撞。现在回想起来，我们冲撞的是什么，冲撞的是父母的爱！不要紧，这是人间常情。但是当我们悟到了，应该怎么样？不必悔恨，我们就把没有在父母面前所尽的孝，用来报国土恩，感谢、报效自己的国土和民族；感众生恩，报众生恩，尽力为他人多做一点有益的事；还要报佛恩，是我佛在二千五百年前，深究宇宙和人生，洞察宇宙之法、人生之法，把它传授下来，让千千万万人开悟。做到这四报恩，也就尽到孝了，也就是对父母补偿了未尽到的孝心。

　　万法归宗，佛法无法，但有八万四千法门。无论我们做任何事情，接触任何人，到任何地方，我想，只要有了这颗孝心，有了这颗想报父母恩但已经不可得的那种忏悔和上进的心，我们对法的觉悟就可以不断增上，我们就可以证得阿耨多罗三藐三菩提，人人都可以成为菩萨。

　　阿弥陀佛！祝愿大家一切康寿。

学诚法师：

　　许先生谈了他参加盂兰盆法会的目的和意义，又对佛教的报四恩做了非常深刻精辟的阐述。许先生是一位大学者，讲出来的话明显和佛教知识是一致的，"佛欢喜日，众生欢喜，众生欢喜，佛欢喜"，所以大家来参加法会非常的欢喜，大家都能够获得功德，诸佛菩萨是非常欢喜的。今天又是僧自恣日，佛规定出家比丘每一年都要结夏安居，四月十六到七月十五，今年因为有闰月，所以今年的安居期是四个月，今天上午，我们出家的法师，举行自恣的法会，自恣用现在的话来说就是开展批评与自我批评，在这安居期间，对自己的修行的状况，做一个检讨总结，同时我们今天晚上还有蒙山超度，早晨是普佛，普佛是为现在在世的人做的法会，那么今天晚上是为往生的人做的佛事，下午还有佛教文化的一些讲座，等等。所以，大家能够来参加盂兰盆节的法会，一定能够增长福德智慧的资粮，尤其是今天能够听到许先生为我们所做的开导，相信大家都会难以忘怀。

（来源：新浪网"学诚法师的博客"）

宁静清修，振兴佛教，庄严国土

——看望惟贤长老①时的谈话

(2009年10月20日，重庆慈云寺)

许嘉璐（以下简称"许"）：今天有一点时间，就一定要来看望你。本来我也不知道这次能来，是不久前薄书记在北京见到我，让我来；刚好"汉语桥"比赛在重庆举行，我就借这机会来了。当时我就想，这是机缘到了，机缘不可失啊。后来听说你在合川，我就和市里说不要惊动老人家，我到庙里来看看就行了，佛家就讲随缘嘛，实在不好意思惊动你。

---

① 惟贤长老，四川省蓬溪县人，生于1920年。现任中国佛教协会咨议委员会主席、重庆市佛教协会会长、重庆佛学院院长，也是北京佛教居士林、北京华藏图书馆导师。当代著名高僧、法门领袖、唯识学泰斗。

惟贤长老（以下简称"惟"）：许老太客气。我听到许老来了，非常高兴，上届开佛学会时你讲的话，给我的印象很深。

许：谢谢，谢谢。（对周围的人）：惟老所说的就是在无锡举行的第二届世界佛教论坛，老人家去了。我上台讲完话一下来，一群人就把我"卷"走了。我看名单知道惟贤法师在，本来就想要向惟老请教，但那种情况下不行，人太多了。在这之前我就许了个愿："何时登宝刹，问经今窥基？"

惟：那个"今窥基"，不敢当。

许：我为什么这么说呢？这也是我想向你讨教的。唯识宗在窥基大师的弟子那一代，就开始衰落。惟识兴起得快，衰落得也快。为了唯识未来的发展，应该认真思考一下个中的原因。对这个问题有不少学者发表了意见，我的看法是原因多种，其中很重要的一点是，从南北

朝到隋代，《摄论》和《地论》已经在北方流行，《瑜伽师地论》里的有些东西已经为各宗所了解、吸收。到玄奘大师取得《十七地论》回来，把它翻译出来，唯识宗就正式出现了。但是经后来法师们研究，体系越来越庞大，越来越细密。同时，它不像天台、华严那样能直接给人以开悟。唯识学是对熏染过程的剖析、研究、论证，其中许多概念，特别是"转依"、"种子"等等，其实是各宗的理论基础。而对于老百姓来说，求法学佛越简单越好，特别在古代，老百姓识字的人很少，高深了难以化为己有。像修净土等宗甚至简化到只念佛就行了。出家人真像玄奘、窥基那样用一生的精力去研究唯识的并不多，所以慢慢地衰落了。

有一件事情给我启发：玄奘大师二十几岁时，在河洛一带，在蜀地、在长安，已经很出名了，被称为"释门千里驹"，但是他还要发愿西去取经，这是为什么？而他取经主要目的就是取得《十七地论》（《瑜伽师地论》）真经。为什么他这样重视这部经呢？当然他取回的经很多，包括《大般若经》这么大的经他都翻译了。但他最初发愿就是要取《瑜伽师地论》，后来虽然他讲了很多经，白天译经晚上讲经，讲了哪些经，现在已经不知其详，但从窥基那里看出来恐怕主要是《瑜伽师地论》，因此才创立了这个宗。此后历代都有高僧努力弘扬唯识，都没有形成热潮或主流。直到太虚大师以及欧阳竟吾、吕澂先生，包括熊十力先生"出儒入释"，又"出释入儒"，进行了多次辩论，又掀起一个小小的热潮。为什么在上世纪二三十年代，那一批大德如此重视唯识？这也是值得深思的。

在自己做了粗浅思考后我形成一个想法：现在需要重新振作唯识学、唯识宗。因为，天台宗也好，净土宗也好，禅宗也好——三论宗现在已经看不到了——都在慢慢地接近、融合，融合的结果就是变得都非常的简单了。我走遍大江南北的大寺，几乎全是禅净兼修。这当然是好事情，可是有一个问题，就是根基不牢了。比如我脑子里想，为什么诵读《阿弥陀经》、唱佛名，就能往生极乐世界？其实在这个过程当中就是一个心净的问题，一个接受像教的问题，一个转识成智、转恶成善的问题。怎么转的呢？就是五识转为六识，六识转为末那识，坚持久了去掉杂染，从此得道，转为种子。如果这个道理不解决，很多人就不会相信。因此六祖慧能的观点是对的，整天念经未必能够开悟，而行住坐卧莫非佛法。如果有心，在行住坐卧、挑水种菜时得到熏习，逐步去掉杂染，就能转染成净。

我所说的这些全是关于唯识的。我说我来宝刹要"问经今窥基"，是因为我认为现在国内对唯识研究的最深的，不仅仅是经义研究，还有自己体验的，就是我们大和尚了。在我眼里你是我们当代的窥基。我就带着这个问题来拜会你，对不对还请你来开示。

惟：许老对佛学很有研究，唯识学的由来、变化，以及以后为什么禅宗接续了唯识，唯识的来龙去脉，许老说得都非常清楚。唯识学在唐代有玄奘法师讲学，窥基法师翻译，形成了很多著作。但唯识学纯粹是义理之学，由于它的内容博大精深，系统庞大，对研究它的人在文化程度、佛理水平等各方面都有很高的要求，因此也就使研究有了很大的局限。到后来义理不昌，唐代以后就是禅宗、净土宗兼修。禅净兼修有个好处，就是能够流行民间，与生活打成一片，使身心净化。其实唯识学讲的便是转智成识，讲修到"通"的经过。佛教的各个宗派，不管哪一个宗派，它所走的道路，到达的目标，都是一致的。圆瑛大师就认为八宗平等。

宁静清修，振兴佛教，庄严国土

许：这其实就是各宗的圆融，显密的圆融。

惟：由于唯识学义理深奥，后来研究的人又不多，所以唐代以后，中原地区禅净双修，禅净结合。到明代几位大师特别提倡净土宗，莲池大师、憨山大师、藕益大师、紫柏大师，都特别提倡净土宗。但是从清末这个特别时期到民国初年，太虚大师、欧阳竟无、韩清净等都大力发扬唯识学，当时有"南欧北韩"之称。而武昌佛学院只讲唯识这一宗，加上民国初年章太炎、梁启超、康有为就利用唯识学的宗旨提倡民族革命。这样来说，从民国初年起唯识学出现了复兴。

许：后来兼承南北的一个在家的学者就是吕澂先生。

惟：吕澂在江津的时候，我见过他。他到北京以后我们通过信，他对唯识也很有研究，他是从考证入手做研究，发扬唯识学。

许：遗憾的是印顺法师到了台湾之后，本着人生宗教、人间宗教的宗旨弘法，对于唯识学没有给予足够的重视。可能是因为特殊环境，刚到台湾，生活条件很差，信徒也少，要想弘法，就只好转到对禅宗的研究上来。

刚才惟老所说的，给我一个启发，就是民国初年之所以唯识学出现这样一个一时的兴旺，和那批大学者要救国是有关的，不能只限于就佛教谈佛教。你提到梁启超、章太炎，尤其是章太炎，他是我的太老师的老师，我的太老师是湖北蕲春的黄季刚，人们后来并称"章黄学派"。黄侃先生的主要成就是在小学、文选学、文心雕龙以及两晋南北朝的玄学上，他在佛学上没太下功夫，没有继承章太炎的佛学。但是黄侃先生是辛亥革命真正的发动者，这一点很少人知道。我的师兄陆敬先生写过一篇考证文章，证明《大江报》上的一篇社论《大乱者救中国之妙药也》导致清廷镇压，逼着当时的同盟会提前发动起义，而这篇文章就是黄侃先生写的。所以他们都是为了革命，这一点你看得非常清楚。

惟：当时研究唯识学的学者以佛学为名义提倡复兴革命，推翻君主制度、封建制度，以及提倡佛教地藏菩萨的愿望，也就是"我不入地狱谁入地狱"，"地狱不空誓不成佛"。

旁坐者：佛学不是主张出世的吗？为什么能推动革命？

许：佛学是以出世的态度来入世。所谓的"出世"是一般人的一种误解。真正像惟贤法师这样的出家人，是以出世的襟怀来积极地入世的，拿得起放得下，一切都要看淡，普度众生是最高的价值，名利财物于我如浮云。

惟：说的好。菩萨就是出世而入世，出世就是要淡然贪嗔痴等欲望，冷淡一切物质享受，做到少欲知足，清净无垢，这是基础。之后还要有大悲之心，悲悯苦恼众生，要救苦救难，在佛法来说就是菩萨悲愿，施行六度四摄。

许：比如说佛教讲四报恩，要报父母恩、国土恩、众生恩、佛祖恩，报恩就是出世而入世的。佛教讲众生平等，甚至可以说最早在世界上提出了男女平等。佛教的四众包括出家的和尚、尼姑，在家的优婆塞、优婆夷，也就是男信徒、女信徒，这四众是平等的。

惟：佛教讲上报四重恩，下济三途苦。报四种恩包括四种礼制，要报三宝恩，报父母恩，报国家恩，报众生恩，这是佛教的一个基本精神、基本目标，所以，佛教的精神就是一种报恩精神。要爱三宝，要爱父母亲，要忠于国家，维护国家，要悲悯众生，救苦救难，在行动上要修六度四摄，这是最重要的一种修行。而六度四摄要用于日常生活的一言一行、一举一动，乃至于起心动念当中。所以佛教精神就是报恩精神，报恩精神就包括了出世而入世的精神。

许：所谓出世，用佛教的话说就是破我执法执。所谓我执法执就是把名利毁誉看得太重。不要整天想着多赚钱、整天想着出名，也就是要离开现世的污染。等到从这些执著里出来了，然后以这个高尚的境界再去入世，就是普度众生，就是四报恩。

增勤法师要在慈恩寺举办一个佛教的国际研讨会，同时给他的大雄宝殿开光。西安慈恩寺是窥基正式创立唯识宗的祖庭，也是玄奘大师翻译《大般若》的地方。他请我去参加，我就想在那里讲下面几个问题：第一，要学习弘扬玄奘大师舍身求法和利乐有情的精神。利乐有情是利有情、乐有情，有情就是一切有情之人，有情之物。第二，应该复兴、振兴唯识。我刚才说了唯识衰落的一个原因，还有另外一个原因，唯识本身偏重于义理之学，它不是给人开悟的，因此研究唯识的人，首先自己要悟法，悟了法再去研究如何悟法，悟法的道理在哪里。现在说句不客气的话，很多出家人，进庙几年了，也受戒了，却并没有开悟，这样他就无法去研究佛理，特别是唯识。如果研究的话就变成学者的研究了，完全是义理之学，没有心悟，所以应该提倡得道的高僧来研究。现在有一批学者在研究，但学者的研究代替不了出家人的研究，因为学者可能没有做到慈悲喜舍，更不要说在坐禅时，在行住坐卧中对佛法有所体验了。学者的研究不可少，但是不能只变成学者的研究。我觉得自己好像是介乎学者跟出家人之间。我也在做一些慈悲喜舍的事情，我也在反过头来冥思自己转识成智的过程，但是毕竟没有得道，读的佛经也少，所以也可以说什么都不是。

惟：许老非常谦虚，而且是学者的态度，又是个修学者的态度，已经把佛法用在生活上了，慈悲喜舍。

许：我还有很多的想法，将来再来请教。比如说，熊十力先生在支那佛学院学习过，他悟了两次，第一次悟佛，第二次他又悟了，认为佛不对。因此他写《新唯识论》，破佛教的学说。在他看来《大乘起信论》肯定是中国人写的，不是马鸣写的。但到现在我没有看到出家人或学者来正面回答熊先生的这个问题，和他进行辩经。我觉得这个问题在唯识发展的过程当中必须要回答。

惟：熊十力建立新唯识学，他把儒学、道学都混在一起而推翻唯识学，但是个大杂烩。当时就有人写文章破新唯识学，还有人破破新唯识学。

许：有关这段争论，先是欧阳竟吾先生，之后是吕澂先生，都写过文章，但后来这段公案不了了之。从三十年代到现在七十年了，很少有人再提这段公案，也没有人回答，但是研究唯识必须要回答这个问题。熊十力先生用了《周易》的思想，用一个"生生不息"来解决一切问题，而《周易》就兼着儒、道两家。

惟：他是个杂烩，不是唯识学。真正唯识学是唯物与唯心的综合，心相不二，心境不二，色空不二。如果把心物分开就会发生很多错误。一个人的想法反映了他的心，心净国土净，心染国土染，就是这个意思。唯识学将环境与心理打成一片，如果是一个心净的人，就会觉得周围的环境是好的，如果是一个染污的人，就会觉得周围的环境也不好。心与境打成一片，而不是把它们分开来讲，这对唯识学来说是很重要的。为什么支那内学院有些人打坐会遭到太虚大师的反对？因为他们是站在学术研究的立场上做的，就"行"来讲他们还没入门。《法华经》中有三句话，研究佛学就要懂佛法大义，懂佛的出世因缘，只有这样，才能"入如来室、着如来衣、登如来座"。入如来室就要受戒，就要有信心；着如来衣就要忍辱波罗密，要容忍；登如来坐，就要讲空，缘起性空。有缘起性空的宇宙观才有救世度人的人生观，才能与生活打成一片。这一点内学院的那些人没有做到，或者还在门外。所以他们三宝之中只相信两宝，不相信僧宝。

许：您老所说的意思就是我这些年来一直所说的，出家人对于佛法的研究与在家学者的研究隔着一堵墙，是不一样的。学者的研究是从文献到文献，从逻辑上研究。出家人的研究除此之外，还有一个他在与社会交往的过程中，在自度度他的过程中，破我执，在学法的过程中破法执，就是所谓性空。有了这个体验，再去研究，就和学者的研究不一样了。你老所说的在大门外转没进门，就是没这个体验。

惟：我执、法执两个障碍，还有一个障碍是女人障，必须把这三障破了心里才解放，才能得到解脱，才能度众生。

许：社会上有些人误解了出家人四大皆空，这里所说的空是物无自性，法无自性，但东西还是存在的。

比如说，这个杯子什么性啊？它没有性，它是陶土、釉瓷、彩色、塑造这几个性合起来的。掉地下摔碎了，它是什么性啊？按照恩格斯的说法，（手指桌上的纸张）当我说这张纸的时候，它已经不是这张纸了，它在变化，在空气中的化学变化、物理变化。但是变化细微，人们没有察觉。那你说这张纸什么性？当你说它什么性的时候，它已经变了。但它又实际存在，我们还要给它起个名字，但不过是"假名"。所以，佛说般若波罗蜜多，非般若波罗蜜多，是名般若波罗蜜多。佛教的哲学是非常精微，是符合辩证法的。

惟：破执很重要，破我执就是去烦恼障，破法执就是去所知障。一般的凡夫境界都没有破我执，没破了烦恼障。破了烦恼障就是一个境界，破了所知障就到了菩萨境界。这个我们必须要向菩萨学习。

许：所以我希望你老延年益寿，为了众生，为了国土，为了佛法。

现在我很为佛教担心，佛教面临着几个挑战：第一，党中央非常希望佛教能为促进社会和谐多尽点力，做慈善事业就是在促进社会的和谐，但我认为更重要的是开示人心。但是从现在佛教自身的情况看，要满足这个要求还有差距。比如说，有的寺庙持律不严，没有做到以戒为师，这就影响了佛教的形象，影响了佛教的神圣性。第二，在经论律的研究上，满足于自己那一宗的经典和修持功夫，净土只念《阿弥陀经》、《无量寿经》，禅宗只读《六祖坛经》，然后再看点公案，最多再读读《金刚经》，连《大般若经》也不读。可是《金刚经》是《大般若经》的纲要，如果不读《大般若经》怎么能读懂《金刚经》？有的在弘法时要在家信众读《心经》，因为《心经》二百六十字，很好读。但《心经》又是《金刚经》的纲要，是精华中的精华，如果不读《大般若经》、《金刚经》怎么能懂"色不异空、空不异色，色即是空，空即是色，受想行识亦复如是"？但是在家的善男子、善女人并不明白这个道理。第三，现在许多大学和研究所对佛经的研究，总体的数量和质量超过出家人的研究。从某种意义上说这是好事，说明社会关注了，佛教振兴了；从另外一个角度说，不全是好事情。所以要想振兴佛教，按照党中央、胡锦涛总书记的要求让佛教为促进社会和谐多做事情，就需要闻思修、戒定慧，布道的时候要布正知，让信众获得正见。因此我这几年就是想了解一下佛教的情况，思考怎样落实胡锦涛总书记代表党中央所提出的这种期望。

从江泽民总书记到胡锦涛总书记在谈到宗教问题时是有发展的，要求越来越高。江总书记时提出佛教是文化，佛教应该适应社会主义社会；胡总书记时明确提出宗教应该在构建社会主义和谐社会当中发挥应有的作用，强调要鼓励宗教在促进和谐社会中发挥应有的作

宁静清修，振兴佛教，庄严国土

用。中央已经为我们制定了政策，今后政策还会在实践中不断完善。作为佛教自身来说就是要强调戒律，强调修行，强调管理。但这些是社会层面上的问题，最重要的是在修行的时候要对经论律有深入的研究，所以赵朴老说佛教存在的问题第一是人才，第二是人才，第三还是人才。我觉得，一方面我们党和政府以及宗教局在不断研究如何支持宗教、管理宗教，管理也是为了帮助提升宗教的神圣性、权威性，另一方面更重要的是我们佛教自身。如果强分的话，国家给创造条件是缘，有缘而无因还是不能结果，这因就是我们佛教自身。

惟：许老说的两个问题都非常重要，一个是内部建设问题，一个是培养接班人问题。中国各届领导都非常支持、关心宗教事业的发展，这个是缘。因就是内部建设，要培养接班人，最重要的是要以戒为师，真正实现勤修戒，这点还要努力。现在我们所面临的困境是，有些人只是在口头上讲。佛教中还出现了一些世俗化的倾向，我们是反对世俗化的，因为世俗化就是讲钱、讲享受，这是不行的，这完全违背了佛教的宗旨，就是变质，那是不好的。要保持以戒为师，首先是要保持道风，其次要建立一定的规章制度，结合现代的政策，建立一定的秩序。

许：有些事情在宗教局和佛教协会的领导、指导下佛教自身是可以做的。比如说，从前受戒要两次或三次，首先是沙弥戒，真正剃度之后受比丘戒，当修行到一定水平还要受菩萨戒。可是现在受一次戒就结束了，不分高低。这一点藏传佛教保持得比较好。从前一个人一个人受戒，或者两三个人一起受戒，现在可以上百人一起受戒，庄严性没有了。这些东西宗教内部可以讨论、改进。有些是需要政策逐渐完善，比如现在各寺院的建设靠施舍、功德钱，这是好事情，但是必要的时候政府是否应该在财政上或在其他方面也给一点支持？再有，有些寺庙已经不像个寺庙，比闹市还闹。有的游客是来拜佛的，但庙里熙熙攘攘，这总不合适吧。和尚们正在大雄宝殿里做功课，周围站满了人，香水气味弥漫，让我们年轻的和尚怎么静修啊？有些导游的讲解词近乎胡说，真是亵渎啊。这是个两难的问题。完全杜绝游人参观也不好，完全开放也不好。还有寺庙卖门票的问题，在改革开放初期卖门票，帮助寺庙修复、佛教振兴是必要的，但现在已有如此众多的教外人士支持，还靠卖门票那点钱吗？所以我想跟大家讨论一下，能不能一个星期寺庙开放四到五天，留两三天来静修？旅游公司要带游客来参观可以按此排出时间，免收门票。我想旅游公司会同意，因为旅游费降低了，更吸引游客。有的小庙接受布施少，政府给点补贴。再有，旅游公司导游的任务只是带领游客到庙前，一进庙门就由出家人义务导游。出家人讲的是正知，让来旅游的游客得到正见，让出家人多一个弘法的机会，得到锻炼。这样，旅游公司、出家人和游客三方都得益。再比如，寺庙的前后、周围都是林木，原来都归寺庙管理，按佛教的信念，林木无情但有性，爱护林木也是功德。所以赵朴老往生前跟我说，我们的宗教两千年来对保护环境做出了突出贡献，所有山上的庙观周围的山林是最好的，每一个和尚、道士都是义务护林员。因此他建议寺观周围山林让寺庙和道观负责，这样护林的过程也就是修行，就是在喜舍。

总之，政策要由政府慢慢调整、完善，更重要的还在于因，在于佛教自身要加强建设。

你要保重，即使在合川修行，还是要弘法。（对周围的人）你们跟大和尚谈的时候要尽量录下来，然后整理。唯识宗的振兴，离不开我们大法师啊。

惟：感谢许老的关心和鼓励。

（整理者：刘光洁）

弘扬玄奘精神
发展唯识宗、学

——在长安佛教世纪论坛^①上的讲话

（2009年10月28日，陕西西安）

各位高僧大德，各位在家信众，各位专家：

　　在欢度建国六十周年大庆的喜悦还回荡在全国人民胸中的时候，我们聚集在千年古刹、玄奘大师顶骨安放之地、慈恩宗祖庭，以"静心慈恩，盛世长安"为主题

---

　　① 2009年10月27日至29日，"净心慈恩　盛世长安"长安佛教学术研讨会在陕西省西安市举行，此届会议是百年来长安佛教的一次学术文化盛会，三百余名来自海内外的法师、学者对历代长安佛教研究成果进行梳理和总结，展示了长安佛教的当代意义，搭建了长安佛教的国际学术交流平台。会议内容主要包括：长安佛教学术研讨会开幕式、主题晚会、大慈恩寺大雄宝殿重建落成佛像开光仪式和玄奘西行文化展、慈恩印象展、5大分论坛、长安佛教世纪论坛、《玄奘大师》电影首映式等。长安佛教世纪论坛由陕西省民族宗教文化交流协会、陕西省佛教协会主办，由西安市佛教协会、西安市大慈恩寺、西安佛教文化研究中心承办。

举行盛大的国际研讨会，这真是殊胜机缘，是弘扬佛法的大功德。

来到慈恩，就自然激起我们对玄奘大师的崇敬之情。一千四百多年前，玄奘大师在这里完成了翻译《大般若经》的宏愿；在他圆寂后，窥基法师本着玄奘大师的信仰和义说，在这里创立了唯识法相宗，为在中国弘扬唯识学说倾尽了毕生精力。因此我认为，在这次盛会上针对我们所生活的当下，就着玄奘大师的精神和唯识宗、唯识学进行研讨，很有必要。虽然研究玄奘大师的论著始终不绝，几年前围绕着纪念玄奘大师圆寂1400年的盛大活动发表的论著也不在少数，但是，供我们继续研究的空间还很大。我今天想就着上述的两个问题谈一点肤浅的见解，就正于各位高僧大德。

一、玄奘精神与当代佛教的振兴

玄奘大师对中国和世界文化的贡献是多方面的。单就他西行取经而言，就是前无古人、后无来者的伟大功德。我认为，生活于十几个世纪后的当代人，无论僧俗，都应该从他的并不算高寿的一生中受到多方面的昭示和鞭策。尽管记载大师行迹的《三藏法师传》和《行状》等文献为人们所熟知，但我们仍然不妨以今天的视角再从中开掘一些宝贵的营养。

1. 博学多闻是他成就伟大事业的知识基础

大师八岁受《孝经》，"自后备受经典而爱古尚贤，非雅正之籍不观，非圣贤之风不习。"因而"少知色养，温清淳谨。"而其兄长捷则"好内外学，凡讲《涅槃经》、《摄大乘论》、《阿毘昙》，兼通书传，尤善《老》、《庄》，为蜀人所慕。"虽然我们不能断定陈氏兄弟在学养上是不是"兄规弟随"，但大师在随其兄出家后受到兄长的影响应该说应属必然。因此可以断定，他自幼冲即已打下了儒学的基础；如果没有这个基础，只读佛典，成就将是有限的。这也是历代高僧的共同经验。这是因为万法归一，儒释道间在伦理、哲学等层面上异中有同，何况佛教自汉末传入中国，已经和儒、道相互吸收、相互适应，你中有我，我中有你了。玄奘大师的成就固然有其天生聪慧的因素，但是好学深思、多闻阙疑，内外兼学、风骨卓然，无疑是他做出常人难为、惊天动地事业的重要因素。

2．寻问真经（追求真理）是他为众生求法的精神来源

大师自出家后，就一心向佛，游方问学不辍。才入青年，即被誉为"释门千里之驹"，"誉满京邑"，但他遍谒京城众师之际，虽"备餐其说"，但"详考其理，各擅宗途，验之圣典，亦隐显有异，莫知适从"。"恨佛化经有不周，义有所阙"，"乃誓游西方，以问所惑，并取《十七地论》以释众疑"。而且他意识到"远人来译，音训不同；去圣时遥，义类差舛。遂使双林一味之旨分成当、现二常；大乘不二之宗，析为南、北两道。纷纭净论凡数百年，率土怀疑，莫有匠决。"显然，普度众生和对真经的渴望，对祖国的热爱和对众生的慈悲，是他决定西行的初衷和不移的信念。在这里，后人看到了正知、正见、正信的伟大力量。我们可以设想，如果他拘于声闻，而没有达到八正道，恐怕也就不可能为中国和世界的佛教发展做出如此大的贡献了。

3．坚定的信仰、无上的定力和舍身精神是他九死一生终不悔、万水千山总东归的无穷动力

为了信仰，为了众生，无论自己出于无上庄严的目标，还是为了尽到一名佛家弟子的义务，都可以甚或必须做到无我的奉献。这其中，一是正信的坚实，一是无

量大悲的胸怀。

大师意欲西行，但其时正值朝廷禁绝东西交通，有诏不许，但他既已发愿，即使"诸人咸退"，唯他不屈，决意违旨出关。为躲避关隘拦截，只能夜行昼伏。路上，又遇到凉州访牒命所在州县严查缉拿，几乎被捉送回，但他仍丝毫不悔，誓不回头。在三年西行的路上遇到了无数即使在今天也是常人所不能忍受的苦难、折磨和诱惑，但他每每以"若不至婆罗门国，终不东归。纵死途中，非所悔也。""宁可就西而死，岂东归而生！"自励或婉拒，甚至绝食三日以表心志，拒绝利用玉食锦衣的挽留。设若一个虽有信仰，但却有杂染者，岂能拒魔障于千里之外而舍身如是？在大师身上我们深刻地感受到信仰的无量威力：由信仰而生定力，有了定力方能献身。

4．自度度他、利益有情的情怀，是他译经、弘法直至涅槃的人生准则

他为到印度"展谒众师禀承正法，归还翻译广布未闻。剪诸见之稠林，绝异端之穿凿；补像化之遗阙，定玄门之指南"而西行，所以返国后复为一切有情而译经、弘法，多次坚拒参与朝政、随侍帝右。十七年中，他白天主持译事，晚上讲经，"愿以所修福慧，回施有情，共诸有情同生。"日久，竟积劳成疾，遂于耳顺之年就圆寂了。临终，还嘱门人一切从简，"以蘧篨裹

弘扬玄奘精神　发展唯识宗、学

送，择山涧僻处安置，不净之身宜须屏远"。真正做到了舍身求法，以身殉道，来也洁净，去也洁净。

大师的事迹，为佛教界人士和在座各位大德所熟知，我在这里不过是抽绎出其伟大精神的几个主要方面，意在说明大师的精神并非只对出家二众是真实而生动的榜样，对在家信众以及整个社会都是极大的启发和感召。在释尊所说的末法时代，弘扬这种伟大精神尤显重要，而在当前物欲横流、道德式微，人心浮躁、难得宁静的时候，就更显得急迫了。生于今世的各界人士，如果有越来越多的人能从大师身上得到启悟，静下心来，体悟依他起性、转识成智、去除二执，我们的社会就会更加和谐，生活更加幸福，国土愈净，人心愈净。

现在佛教正在面临着振兴的绝好机缘。一方面，经济全球化和科学技术的快速发展促进了各国经济和人们生活水平的提高；另一方面，对物质金钱的追求却遮蔽了人的自性，不仅制造了社会的污浊，也毁坏了天地自然。面对世界的这种灾难，教内外人士都在思考救之之道。佛教，以其丰富、博大、深刻、精微的教义教理和哲学内涵，以其六合、中道的崇高理念，以其慈悲喜舍的无我胸怀，已经让越来越多的人士认识到佛教在促进中国和世界的和谐伟大工程中的重要作用。

因缘二事不可缺一。如果我们把当前社会的需求看作缘，那么佛教自身努力抓住机遇就是因。改革开放三十年，佛教无论在规模、水平、管理方面，还是在对社会的贡献方面，都有了极大的提高。凡是经历过共和国前三十年的人都可以作证，现在我国的佛教事业之兴旺，是五六十年代所不可比拟的。与此同时，我们也要看到事情的另一面。毋庸讳言，佛教在教义、教理的研究方面，在寺院、居士的管理以及出家人的持律方面，在协调社会法施众生方面，都还不能完全适应社会发展的形势，不能满足社会各界对佛教的期盼，还远没有把促进社会和谐的作用发挥到极致。而佛教自身的不足又有可能助长由于历史和社会的原因已经存在着的对佛教的误解，严重损坏佛教的形象，影响佛教促进和谐作用的发挥。因此，要想抓住千载难逢的历史性机缘，更重要的是佛教自身能够秉持佛祖"以戒为师"、"度一切苦厄"、"心无挂碍"的法音。这样，就才可以保持并提高佛教和出家二众的庄严、神圣、感召力和说服力，从而使佛法得以广布，给这个世界注入一股清凉剂，增加和谐的力量。

在我看来，在佛教的自身建设的多个方面中，各地寺院继承和弘扬玄奘精神，严格持律，强调度人之前先自度，舍身弘法，是重中之重。太虚大师说："仰止唯佛陀，完成在人格；人成即佛成，是名真现实。"我想，他所说的"人格"，就是玄奘大师的风格、品格。因此，应该大力宣传玄奘大师的事迹功德，把"报佛恩"延伸为报一切为译经、求经、弘扬佛法而奉献毕生精力的高僧大德之恩，并把他们的精神化作振兴佛教的动力。

二、发展唯识宗、唯识学

我一直在想，玄奘大师为什么冒着生命的极度危险去取经？为什么取经的首要目标又是《十七地论》？观诸先贤时哲的论著，都是主要由佛教从隋代以来摄论和地论盛行、宗派之间分歧、已译经典之间存在差异等方面进行论证。这固然不无道理。但我认为，恐怕还和大师在受到佛典、高僧的熏陶后发觉只有《瑜伽师地论》才更合理地、深入地研究和解释了破除五蕴、进入真如的心理过程和哲学道理，有着重要的关系。

净心何以即可救世？为何遵随法行（书写、供养、施他、谛听、披读、受持、开演、讽诵、思维和修习）即可证得般若？何以一般信众长期念佛也可悟道？

无论天台宗的止观、律宗的持律、密宗的修法、禅宗的参禅，还是净土宗的念佛，都是通过闻、思、修，戒、定、慧，以获得般若智，得到解脱。即如天台的"一心三观"，需要历经的次第是首先灭"三惑"（见思惑、沙尘惑、无明惑），进而证"三谛"（真谛、俗谛、中谛），最后成"三德"（般若德、解脱德、法身德）。但是为什么必须是这样的次第？《法华经》所说的"本觉"、"始觉"、"妙觉"是怎么过渡的？其间在修行者的心理上到底是什么情形？应该注意些什么？诸如此类的问题，单靠静思冥想和诵读经典而没有深刻的体验是不行的；如果仅仅依照各宗祖师和后来的大师们所开示的阶梯去学修，可能依旧得不到解答，会知其然而不知其所以然。其实如果简要地用唯识观之，刻苦渐修之所以可能得到顿悟，之所以能成正果，其实是一个不断熏习、转依的漫长过程；其间，会不断去掉无明，但五浊世界的引诱和蛊惑还有可能让人杂染上垢污，出现"若菩萨于余菩萨起瞋恚心即成就百万障门"的现象，于是又需要再加力持修，增上悲智之心。因而，在闻、思、修过程中要警惕杂染，但也不要怕反复，因为在此之前，可能自己通过前五识使得末那识中杂染的一面已经有所削弱，已经种下了善种子，只要坚持下去，增加定力，就可以继续转恶成善，转邪成正，转染成净，转识成智，求得真如。对这样一个复杂的过程，似乎只有唯识的三性、三无性以及转依等说可以为我们提供完满的理论解释；也只有自觉地把这样的分析作为各宗沟通的基础，才能使得各宗各派达到圆融，包括显密之间的圆融。

　　大师在世时，天台、华严、三论诸宗已经显赫。《瑜伽师地论》全部译出后，经窥基法师的努力，唯识宗正式建立。及至窥基法师之后传到三世，唯识已经衰微。究其主要原因，一是唯识的一些基本理论早在玄奘大师翻译《瑜伽师地论》前已为诸宗所吸收，经大师和窥基的努力，唯识自身又被进一步融合和大体统一，因而唯识再独立地作为一个宗派势必难以存在；二是人类在追求一种信仰时，总是愿意道理简洁而远离繁复，净土、天台等宗更适合大众的习惯和水平；三是唯识体系庞大，分析细腻，概念繁多，颇有过于繁琐之嫌，非聪颖过人耗费多年精力者，难以究其全豹，因而承继者寡；四是唯识以义学为长，对于一般众生体悟缘起性空、三界唯心、净化心灵反不如其他各宗。即如上个世纪二、三十年代，中国也曾出现过研究唯识的小小热潮，但参与者并不多，且为时不久，这虽为国土板荡、社会混乱、民不聊生、释教衰落所致，但也不能不说和上述的唯识自身的一些特点有关。

但是，佛教需要唯识宗，也需要唯识学。纵观中国两千年佛教史，历代各个教宗都有其巨大的积极作用。各宗都是围绕着佛祖所传佛法，从本土角度，用不同方便，强调不同重点，示人以般若智，"入无余涅槃而灭度之"。也可以认为，正是因为佛法不可思量，不可言说，才促使后世不断探究，逐渐形成了不同教宗。这就犹如学术界的学派、艺术界的流派，当一种学说或艺术出现时，不会立即产生什么派别；当该学说或艺术兴盛，从事的人多了，就必然因方法、角度、目的等的不同而形成学派或流派。学派、流派的出现是该学说或艺术达到一个新高度的标志；反之，无派无宗则是停滞和亟待提高的反映。唐代之所以教宗众多，就是因为其时佛教已经达到高峰。佛教出家人一向聚居修行，重师授、重衣钵，于是教宗更易产生。

现在我国佛教各地寺庙大多禅净双修，这对于出家修行、普及佛法相对是捷便的，但是如果没有其他教派与之切磋，或出现某种意义上的竞争，恐怕并不利于佛理的深入和发展。教内教外共同进行唯识学研究也是非常重要的，宗而无学的支撑，就难以为继；学而无在家者的参与，则深入亦难。唯识尤其如此。欧阳竟无、吕澂等前贤当年何以重视唯识，是值得今之学者深思的。

为了佛教的发展，我们应该具有危机意识。从释尊成佛起，他所说的一切经即博大精深；在他灭度后，经三次结集和紧随其后出现的论、疏以及中国历代高僧留下的著作、公案，更使佛教的思想宝库更加丰富。面对如此深厚的遗产，如果我们不发愿诵习，深入研究，就有可能中断传灯；而一个缺乏全面继承本教思想的宗教，就难以发展提高，也难以说服善男子善女人和一阐提；进一步说，一个社会大众只知其表不了其里的宗教是难以在社会上立足的。复次，近年来，许多大学和研究院所从事佛教研究的学者日渐增多，成果也如雨后春

弘扬玄奘精神 发展唯识宗、学

笋。虽然从某种意义上说，我们还需多费一些力气追赶国外研究的水平，但当前学界的情况还是让人感到鼓舞的。现在的问题是，教内的研究和学界的研究已经出现了差距。如果教内僧众在把握经典、阐发教理方面长期不能与学者并驾齐驱，则宗教被边缘化就在所难免了。特别是对于唯识的研究，因为其深刻而抽象，出家人更容易趋而避之，应该引起格外的注意。

唯识宗崛起前其主要观念、方法已经存在，并渗入在各宗中，例如《解深密经》已提出"唯识"这一概念（见"分别瑜伽品"），并提出了唯识和瑜伽的核心观念——三性、三无性；《楞伽经》也提出了五法、三自性、八识、二无我等观念；《华严经》则明确了"一切唯心造"的道理。如此等等。唯识之于唐代成学、立宗，就使之系统化、理论化、哲学化了。

为了佛教义理研究的深化、为了为它注入更高水平的理论依据，就应该对唯识作哲学层面上的研究，而且是中国风格的哲学研究，这将丰富中国哲学，提升中国人的智慧。这也是世界的需要。当然，唯识也涉及人的心理领域，运用唯识探讨现世人的心理，也将对形成中国特色的心理学，不再受西方心理学的束缚起到应有的作用。

在振兴唯识学和唯识宗时，自然要汲取先哲过于繁琐和艰深的教训，努力使之能普及到更多的信众中。只有普及，才能普度众生，才能挽救人心，才能济世，宗和学才能发展振兴。

唯识宗和唯识学千百年来留下了许多问题还需要深入研究，努力给以合理的解答，这是振兴发展唯识宗、唯识学所必须的。例如：自唐以降各宗是如何吸收唯识成果的，这对中国佛教和社会产生了哪些影响；我们对于玄奘大师的"新译"《瑜伽师地论》（"今学"）和"旧译"（"古学"）之争，究竟应该如何认识，包括他所译的《唯识三十颂》是否真实反映世亲原意；与这一问题有关的是对安慧一系以及其他论师的研究也不可缺。又如，唯识与中观的同和异，似乎迄未明晰；玄奘大师《会中论》即为融合二者而作，华严宗以"圆融"之说继之，对此也应深究。唯识理论内部也还留下了一些问题，有待钻研。如："依他起性"与"遍计执"是一是二？种子是新熏（难陀之说），是本有（护月之见），还是二者兼有（护法说）？如二者兼有，种子可变不可变？又如，熊十力先生提出"体用不二"，批判唯识，是否应该回答？如何回答？《大乘起信论》是来自西土，还是中国人所造？唯识宗何以能够急起，何以又急遽衰落？等等。

各位高僧大德，各位在家信众，各位专家：

我并不是佛学家，更不是唯识学家。以上所说，只是在阅读佛典，特别是诵习《瑜伽师地论》、《唯识三十颂》、《成唯识论》、《大乘唯识论》、《摄大乘论》等论、疏和时哲著作时的一点心得。读经既少，复欠专深，尽管我也曾把一得之见用于对佛法的体悟和生活之中，但是和各位高僧多年的宗教体验还是不可同日而语。今天不揣谫陋，讲了以上的话，是想为佛教、佛学的发展、振兴略尽绵薄，同时请教于高僧大德，以便避免慢上知，努力获得正见。

恭请各位不吝赐教！

动静皆修，释儒圆融
——与北京龙泉寺僧俗二众的交流

(2010年3月20日，北京龙泉寺)

尊敬的学诚法师，各位善信：

我有幸再次来到龙泉寺。

记得去年盂兰盆节，我也是来到这里，和我们的出家法师和善知识一起度过了一个非常肃穆、愉快的盂兰盆节。学诚法师命我来做个讲座，不可违呀！但是我一开始还是婉拒了，主要是因为在佛门面前我还是小学生。学诚法师的学养修为乃至他的持戒、慈悲，我想大家都是了解的。虽然我们年龄有差异，但是我仍然把他作为我学习的榜样，所以我开玩笑地说，我到龙泉寺来讲课，岂不是圣人门前卖《三字经》？他还是坚持让我来，我说那就请学诚法师先给我开示，给个命题吧。法师也不答应。于是我就自己想了个题目，当时没太经过大脑，就报了现在的题目："动静皆修，三教圆融"。

两会之后的这段时间，我恰好特别忙，没有时间准备。学诚法师说，你不用准备。但在释尊像前不能任意地说啊！最终，我还是挤出些时间做了这个PPT。讲三教圆融，内容太多，在两个小时的讲座里难以讲清楚，于是我就讲二教圆融，即"儒释圆融"，这样可能更方便些。

今天与其说我是讲课，不如说是和大家交流。多年来，我围绕着儒家和佛教经典的确思考得多一些。那么就把自己学佛的一些心得体会，——不敢说体悟，只是一点感受——学儒家经典、释尊、菩萨教导的一些感受，向各位法师、各位善信做个汇报。学诚法师告诉我，讲完以后有半小时的交流时间，也请大家多多批评。

今天我要围绕着这样几个问题来讲：第一，为什么要修学？这个问题似乎不成其为问题。每个人到龙泉寺都抱着一种虔诚来学习，每个人都有自己的目标，我为什么还要讲这个问题呢？我要把它放到人类整个社会背景下谈谈修学的意义。第二，怎样修学？这个问题按说也不需要我讲，因为各位法师对各位居士、信众都有过很多开示，指出了很多的路径、次第。我想从人类心理、人类历史、社会现象这些角度讲。第三，修学的科学性。很多文章、著作也都谈到过这个问题，第一次和第二次"世界佛教论坛"论文集里有一集专门讨论这一问题。我认为，无论信仰什么，在一个宗教氛围、系统中努力去修、去学是对的，是科学的。这三个问题贯穿着释尊所说经的精神，儒家的一些精神。第四，"释儒圆融"。

一、为什么修学？

1. 人人都需要信仰，人人都有信仰——人与动物的分界线

无论是虔诚的出家人、居士，还是现在仍然懵懵懂懂生活的人们，都需要信仰。开门七件事——柴、米、油、盐、酱、醋、茶。整天忙碌于日常生活的人们都需要信仰，也都有信仰，只不过有人自己不明白而已，应

了一句中国古话——"百姓日用而不知"。为什么不知？主要是因为他没有静下来反思。如果能静下来反思，就会发现其实自己是有信仰的。信仰，这是人成为万物之灵、区别于动物的一个重要分界线。人与动物之区别，在于其有思想，有语言。有思想就有追求，就会想到超出自己生活圈子以外的一些事情；单想还不够，人还要涉足于超出自己生活圈子以外。大家想一想，汶川大地震，引发了十三亿人那种悲壮，那种仁爱！这不是我们日常生活圈子里的事情，早已超出我们的小家、小单位、小地区了。海地大地震牵动了多少中国人的心。最近家家户户在议论，云南、广西遇到了百年一遇的大旱。昨天气象局宣布，云南从去年九月到现在大旱，降雨量比往年少了58.8%，而且预计这个旱情可能还要延续到初夏，也就是说，云南、广西的旱情，要跨春夏秋冬四个季度。于是许多企业家、机关单位捐助了大批纯净水。这些都不是我们视力所及范围的事情。我们了解这些事情，关注这些事情，是因为我们有思想，有语言——发出信息最便捷的工具。我们想的可以说出来，可以交流，这就更加扩大了人的生活、思考、关心的范围和内容。

2. 人的追求是多元化的，有平凡的，有低下的，有高尚的

生活圈子之外事情都是什么呢？其中包含的最重要

内容就是信仰。人们的追求是多元化的，可以说有十个人就有十种追求，但是我们可以将这种多元化的追求归类：有的追求是平凡的，有的追求是低下的，有的追求是高尚的。平凡的追求并不算错误，低下的追求不好，但我们不能歧视有低下追求的人，要以大慈大悲之心来看待，增上我们的责任感：要度他们。为什么呢？人人皆有佛性，只不过他被世间的五蕴遮蔽了。何为平凡的追求？正当地为自己，也就是衣食住行之所需。孟子的一个弟子在两千多年前就说过："食、色，性也。"人是动物，动物要生存就离不开吃，物种要延续就离不开性，这是无可责怪的，是人类生存发展的基本条件，是人和动物无法区分的基本需求，但它是平凡的。低下的追求是龌龊的，是人身上的动物本能的无限扩大。我理解佛所说的轮回中有畜生道，恐怕也包含这层意思：生活在现世的一些人，虽然有人的外形，也有思想，有语言，但他的追求等同于畜生，当他自认为很美妙的时候，实质上已经堕入畜生道。六十多年前我还是孩提的时候，不像现在满街的秽语，当时骂人最厉害的两个词，一个是"罪犯"，另一个就是"畜生"。为什么是这两个词？因为罪犯为正常人类社会所不容，畜生是失去了做人的品行。随着社会的发展，现在骂人的话五花八门，怎么脏怎么骂。依我看，跟围绕着人生理器官的秽语相比，其实"罪犯"、"畜生"更狠、更厉害。高

动静皆修，释儒圆融

尚的追求是正当地为己，尽量地为人，也就是自觉觉他，自度度他，自利利他。

人人皆有信仰，信仰层级不同。师父平时对各位善知识的开示其实都在引导大家如何从一个追求平凡的人变成为一个追求高尚的人。最高尚的人是谁？是佛。佛教的信仰，是高尚信仰中的杰出者。中国人在两千多年前接受了西土来的佛教，经过我们的消化、发展，实现了佛教中国化，佛教已成为中国宗教。中国化的佛教是对全民族的贡献，是对全世界的贡献，是对全人类智慧的贡献。

3．佛教的信仰是高尚信仰中的杰出者

为什么？

第一，因为中国佛教各宗都以发菩提心为弘法的核

心，祈求的是人心净、国土净，再扩大到天下净。这已远远超出了自我及其周围的范围，超出很远很远，超出到今天在座所有人所到过的地方加到一起的无限大范围。

第二，中国佛教从不排他。两千多年来，佛教、儒家和道家曾经有过理论上的冲突、争辩，也有过拉到政治层面的斗争，有时还相当激烈，但是从未发生过武装冲突，这在人类的历史上是个奇迹。如果翻一翻欧洲史，从古至今，整个一部欧洲史就是一部血腥史，战争从未有过长时间的间歇。战争的起因，百分之九十以上是因为宗教问题。十字军东征若干次（正式七次，教皇认可"讨伐"异教徒的数次），从欧洲一直打到耶路撒冷，打到后就是屠城啊！近代两次世界大战，死了上亿人啊！宗教也是其主导或重要因素。中世纪的欧洲，天主教一统天下，"异教徒"这个词就意味着死刑，有的是用火活活烧死。虽然也经过法庭审判，但"法官"都是天主教的僧侣。中国佛教到唐代形成了八宗（也有主张七宗的），法门、视角、见解不同就逐渐形成一宗，宗与宗从来没有发生过哪怕是一刀一箭的冲突，这要归功于佛教没有排他性，儒家没有排他性。三武灭佛可以说是一瞬间的事情，那是朝廷的行为，灭佛有时就是一年的时间，第二年很快又恢复了。

争辩当然是有的。争辩是好事，宋明理学家说"辩则进"。佛教徒对儒家的学说提出质疑和批评，儒家要想回答就必须反思、改进；儒学批评佛教，佛教也会反思，与时俱进。相互学习、相互吸收、共存共生，儒和佛各自保持自己的个性，又你中有我，我中有你，大家共同不断升华。例如唐宋八大家之首的大文豪韩愈，他的《论佛骨表》脍炙人口，当时触怒了皇帝被贬到瘴疠之地潮州。看起来他是反佛的，但在《韩昌黎文集》中却有不少写于寺庙或和高僧大德唱和的诗篇。《论佛骨表》是政治层面的问题；他与僧人交往，是个人情感和学术问题。大概只有在中国才有这种"奇特"的现象。

第三，中国佛教发扬了佛陀的思想，博大精深，是中华精神中重要的组成部分。

我们还可以举出第四、第五、第N个理由，但举出上面这三条就足以说明中国佛教是高尚信仰中的杰出者了。历史证明，国运兴则佛教兴，个人信仰纯则人品高，这就是师父常说的正气。"为什么要修学？"答案就是这样简单：人需要信仰，信仰应该高尚，而佛教就是好信仰；要想树立好的信仰就需要不断地修学，这就是所谓"学无止境"。佛教追求的最终目标——成佛，这是需要永远追求的目标。大家所崇拜的文殊菩萨，经过千百亿劫，至今仍然是菩萨。我们不能因为这个目标在我们有限的一生中达不到就放弃信仰，这正是佛教高尚之处。我们要时时刻刻想到，世上等待我们去度的人太多太多了，而难度又是极大极大，佛教及其信仰者任重道远。

4．历史证明：国运兴则佛教兴；信仰纯（正信）则人品高。

曾经有人给我提出这样一个问题：儒家培养人"仁、义、礼、智"，佛教提倡自度度人，怎么世界上从来就是乱糟糟，什么时候也没出现过儒家想像的那种大同世界、太平世界，也没出现佛家理想的莲花

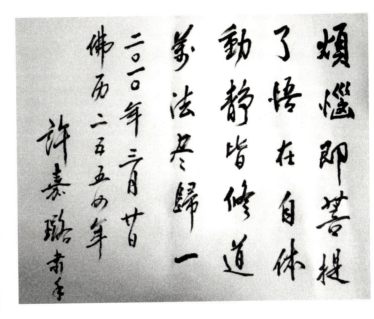

铺地，处处祥和。我的回答是：世界是复杂的，污浊不少，但正是因为有了佛、儒的理想和信仰，历代都有一批献身于佛教事业的僧侣和不断追求信仰的善知识，有了一批以圣贤为榜样不断提高自己人格的善者，所以社会才是平衡的。如同天平，一边承载着正义、善良，一边堆积着邪恶、龌龊，不同时候天平可能像某一方向倾斜，但总不会让龌龊和非正义统治一切。反过来说，如果没有大批坚持信仰的人，社会将会成什么样子？不堪设想！这是其一。其二，正是因为儒家的先圣先贤、佛

教的佛陀和众菩萨提出了他们的理想，人类有人努力追求理想的世界，社会总是向上的，只不过这种走势是缓慢的，有时还有反复。六十六亿人排成队伍可以绕地球几圈啊！人生短促，可能感受不到历史的变化，但放眼古往今来，历史是在前进的。佛教的伟大就在这里：不一定自己看得到，为的是众生！

可是过去和现在，人们对佛教还有很多误解。第一种，认为佛教完全是出世的，消极的。这种误解是历史沉淀、延续下来的，实际情况并非如此。佛教是以出世的胸怀积极地入世。孟子曰："有天爵者，有人爵者。仁义忠信，乐善不倦，此天爵也；公卿大夫，此人爵也。古之人修其天爵，而人爵从之。今之人修其天爵，以要人爵；既得人爵，而弃其天爵，则惑之甚者也，终亦必亡而已矣。"大意是说，上天给不同的人分了层级，仁义忠信之心就是天爵；人间的爵位就是卿大夫，古人不求人爵，努力提高自己的品格、修养，结果也获得了人爵；现在的人也修仁义忠信，但目的是以此去谋求人爵，等拿到了人爵、当了官就把仁义忠信扔了。佛教徒不是不食人间烟火的，而是用出世的态度把"色空"问题解决，懂得了一切无自性，一切都是过眼云烟，唯有自己的品德通过传给自己的孩子、学生而得以永存，获得天爵，自然得到社会的承认、朋友的赞赏、儿女的孝顺，这就是回报。拿龙泉寺来说，有这么多的居士、善男子、善女人来，就是出世而入世。大家做了那么多社会救助工作，这不是积极入世吗？我现在是"中华社会救助基金会"理事长，学诚法师是基金会的理事，我们一起入世嘛。我们争取从今年到明年救助100万农村的孤寡老人。4月28日，我们要在北京饭店金色大厅举行一次"仁爱之夜"的募捐晚会，募捐来的钱用于资助贵州的"留守儿童"到深圳和东莞与父母团聚，让他们看看大城市，看看他们父母工作的工厂、修建的立交桥、盖的大楼，告诉他们，这都是你们父母给国家做的贡献，劳动是光荣的。要开学了，我们再把这些孩子用"幸福列车"送回贵州。这也是入世啊。

第二个误解，"一切皆空"。"色不异空，空不异色，色即是空，空即是色"，这四句话包含着非常深刻的哲学道理，却常常被从字面误解为一切都是空的。从宋到明，都有很多大学者在问："你吃的饭是不是空的？你这个人是不是空的？"这是没有读懂佛经才这么说的。何谓色？何谓空？"色不异空"是什么意思？"色即是空"又是什么意思？要消除这一误解，需要僧俗两众用弘法和善行不断努力地向世人展示我们不执著的胸怀和积极无我的品德。

第三个误解，信佛全是"为己"。确实，有人到寺庙里拜佛、烧香是为自己和儿孙求福，这么做并不是坏事，但它不能真正代表佛教徒的高尚境界。拜佛，佛像的美妙庄严对信众是巨大的感召，此时体会回味佛陀的教导、提升自己的佛性，当然，同时也为国泰民安祈福。说信佛都是为己，起码了解得不全面，不知道佛教是利他和度他的，当然也有明知而掩盖，有意这么讲。

消除历史和现实误解至关重要，这关系到佛教能否健康地发展。消除的办法，最重要的是靠出家和在家二众的"信、解、行、证"，证明今天的佛教已经不是清末、民初或者四十年代的佛教了。那时国家衰败，佛教也凋落，缺乏管理，良莠不齐，那是佛教史上一段令人痛心的时日。"国运衰则佛教衰"呀。

振兴佛教，既需要社会建设的不断完善，也需要佛教自身的健康发展。所谓社会建设的不断完善，那就是整个社会文化素质的提高，国家有关宗教管理的法律、法规的进一步完善，以及社会尊重不同信仰气魄的宏大。近些年来这些方面都有了很大的提高。宗教信仰自由会得到越来越周密的法律、法规的保护。佛教更需要自身的健康发展。有关这个问题，我不展开了，因为我们今天谈的是儒和佛的圆融问题。就佛教自身建设问题我跟学诚法师进行过多次推心置腹的交谈。《维摩诘所说经》里说："若菩萨欲得净土，当净其心，随其心净，则国土净"。我领会"心净则国土净"就是用"信、解、行、证 "来证明，佛教是高尚信仰中的杰出者，那就要从这里（手指心）做起。芸芸众生如果都心净了，自然天下太平，和谐相处。我想维摩诘菩萨说这话时还有另外的含义。《维摩诘所说经》上说他病了，也不知道是真病还是假病，也许他生病本身就是一种开示的法门。佛祖派众多菩萨去看望他，很多菩萨不敢去，因为维摩诘居士佛法太高。我们把众菩萨之间的谈话放到那个语言环境里去体会，实际上是不是还有这样一层含义：菩萨——今天就是我们的信众，心净了，净不是什么都没有，而是干净、纯净。纯净了还有什么呢？就只有佛陀的教导，这就包含着不能只求自己净，还要让他人净的意思，也就是人人是一道场，人人是在弘法。当自己周边，人人都获得了无上正觉，正气就会成为社会的主导，国土就净了。我想处在当下应该有后一种理解。

弘一法师是我们很崇敬的当代高僧。大师说："念佛不忘救国，救国不忘念佛。"大师所处的正是国运艰难的抗日战争时期。从前我理解他的意思是：念着佛，读着经，同时还想着救国。后来我想不对，一心不可二用啊。当读着观自在菩萨观察世界得出的结论——"色不异空"的时候，还想着战场上的炮火、百姓的涂炭，这是不可能的事情。因此我认为，他所说的念佛和救国是融合为一的，他除了关心战事、募捐义款、救助伤员，还自净其心，自见其性，而且把这种体验扩散到其他出家人和信众中，引导大家祛除杂念，奋力救国，这

163

动静皆修，释儒圆融

就是一个出家人在当时能做的最重要的事。当我们在做具体的、直接的救国事情的时候，不忘记念佛，心中有佛，想着我们是在履行佛陀的教导，我们就朝着菩萨位前进了一步，而这一步又不是刻意追求的，而是如孟子所说的，这是天爵。大量历史的和现实的事实证明，信佛并不全是为己，一切皆空并不是一无所为，佛教不是出世的，而是充实的。

儒家中一些对佛教误解的人，有我非常崇敬的大家，有在中国儒学史上举足轻重的人物。当我看到他们对佛教的误解时，很为这些古人惋惜：他们没有真正了解佛教。

当前三界险恶，"贪、嗔、痴、慢、疑"已经成为世界性的流行病。SARS不可怕，禽流感不可怕，猪流感不可怕，艾滋病也不可怕——当然落到个人身上还是可怕的（众笑）。我是说，这些东西都是"贪、嗔、痴、慢、疑"所带来的恶果，各种流感、艾滋是病而不是根。根是另外一种流行病："贪、嗔、痴、慢、疑"。何以疗之？唯有拯救人心！佛教是干什么的？就是拯救人心的。

不同文明的世界对话已经成为一股国际潮流。三天前一百多个发展中国家在马尼拉召开一个会议——不结盟运动会议，通过了一个决议：加强世界不同文明对话。参加会议的，有佛教国家、基督教国家、天主教国家、伊斯兰教国家、婆罗门教国家，还有部落宗教（也就是原始崇拜）国家。这些国家的代表能坐在一起签署这样一个宣言，说明他们的对话是成功的。哪里对话不成功？什么样的对话不成功？那就是西方发达国家和一些发展中国家，他们分别代表西方文化和东方文化，西方国家对这种对话不公开响应，更不用说提倡了。他们也对话，是用另外一种方式对话——经济的手段和精确制导导弹、贫铀弹，一"对"就"化"了。在世界不同文明对话中，佛教应该成为重要一方。

正是为了实现这一目标，我和学诚法师都努力了多年。学诚法师多次代表中国佛教出访、参加对话就是具体行动。但是总在国外对话也不行，在那些会议上佛教常常不是主角，只是列席。基于这一原因，我现在就和有关方面合作，要在孔子的出生地——山东尼山打造一个"尼山世界文明对话论坛"，争取将来成为固定的论坛，世界著名的论坛。在国外这类论坛是流动的，现在需要一个固定的。今年9月26日将举行第一次对话。当前迫切需要的是儒家和基督教对话。"尼山论坛"之后争取举行一次"尼山论坛（北京）"，由我和学诚法师联手，儒、释合作，由北京师范大学人文宗教高等研究院承办，进行佛教与基督教的对话。我既然在这里讲了"佛教应该成为世界不同文明对话的重要一方"，就要有所行动。知、解后就要有行，这就是我们的行。

动静皆修，释儒圆融

　　佛教是国际性的宗教。南传佛教、藏传佛教和汉传佛教的信众遍及各大洲。通过各国信众的众善奉行，扩大影响，结交更多的国际朋友，这不就是世界意义么？基督教和天主教早就在中国落地，真正扎下根不过是一百年多一点。它们是随着铁舰大炮来的。而佛教在传播时从来没有使用过武力，是用结法缘、交朋友的方式传播。佛教一贯奉行的这一准则和经验，符合今天的社会潮流，符合世界人们的需求。我相信，随着佛教国际化的进一步扩大，我们对世界的贡献也会越来越大。

二、怎么修学？

　　第一，修学有序，也就是佛经上所说的"次第"。但是我所说的"序"，并不是严格的时间线性之序，而是不同人的心路，"心"开悟之序。人的善根不同，有上根、有中根、有钝根，不同人修学的顺序实际上是有不同的。师父们常给大家讲戒定慧、闻思修、信解行证，这是一个逻辑的排序：只有虔诚地守戒，才能够定，定中才生慧。声闻之教是需要的，更重要的是修，但是不同的人可以有不同的切入点。我谈一点自己的体会，这是我在读佛、儒经典时的一点收获。我比不上大家，更比不上出家人，每天有固定的时间过堂、做功课和坐禅。但是行住坐卧莫非佛法，我就在行住坐卧中体验。我最初并不是从佛经上，而是在"行"当中体会到的。但是这还不够，行之后还要回过头来再读佛经。读着读着，自认为豁然开朗了，升华了，原来我所做的有些不符合佛法，有些恰好和佛法吻合。时间次第不一样，但是逻辑的次序是这样的。

在这里我想强调，戒是重要的。佛圆寂之后徒弟们没有老师了，他留下遗言，以戒为师，这句话流传至今。《楞严经》说"摄心为戒，因戒生定，因定生慧，是则名为三无漏学"就是对佛所说的阐释。无论出家还是在家都要受戒。但是，人非圣人，孰能无过。有时犯了点戒法，怎么办？忏悔。

声闻也是重要的，《华严经》上说"若因精进，其闻思修，则名为智。"

信是重要的。光哇啦哇啦在那儿读，没有信仰，没有心的皈依是不行的。打个比方，无信就像有一道通往美妙境界的门而不入！怎么能得到正信呢？要有闻、有思、有修行等等，也就是师父所开示的修学次第上的东西，都要有。在这过程中慢慢培养虔诚的信仰。无论说了多少，关键的问题是要发心，其中很重要是见性。

何谓见性呢？平时我们可能没有这样思考，应该静下来想想：到底自己心里追求的是什么？没有高尚追求的人可以醒悟，"我过的有什么意思呀？"早上起来擦把脸，老婆给准备好了一杯牛奶，咕咚咕咚喝完了，

动静皆修，释儒圆融

哒哒哒哒下楼，开着车呜呜呜呜到了写字楼，噔噔噔噔来到办公室，刷卡，坐在计算机前面嘀嗒嘀嗒，午饭连楼都不用下，就在自己的小椅子上吃外卖盒饭，吃完弄瓶矿泉水一喝，继续敲电脑。晚上快下班时，老板说："咱们的活很急，大家都加班。"一加班加到十点，累得全身都瘫了，开着宝马车回到家，孩子也睡了。一见面老婆说："怎么这么晚才回来？""别提了，加班！嗯呀，不说了，不说了。"咕咚！倒在那睡着了。第二天又是如此地重复生活。如果认真想一想，就会问自己：我奔的是什么呀？长此以往，日复一日，月复一月，年复一年，我的价值在哪里？我的幸福在哪？就在别墅么？就在存折上的钱不断加零么？如果这时他感到心里空了，就开始见性了：原来人除了物质外，还有更高尚的，那就是精神，是信仰，而自己对精神还有渴望的一面，这就是见性。

怎么去修这个精神（即佛性）？或者学佛，或者学儒，或者学道，都会引导你向上。关键是发心，发心就能见性，见性则能成佛。发什么心呢？发菩提心。行是学之果，学时要有行。我知道龙泉寺的居士们都有行，常年都有很好的善行。行既是修之果，又是修的途径和表现。行很关键。行什么呢？不外乎"慈悲喜舍"四无量心！喜，要给自己的亲人、周边的人带来喜悦，喜也是一种舍。舍，可以有捐献，帮助龙泉寺这个道场修得好一点，可以避风雨，但是更重要的像《金刚经》上所说的，法施才能走入上位，那就是度人。

第二点，皈依有宗。中国的八宗，禅宗到后来又一花五叶，出现这种情况是有因的。因是什么呢？不同的大师对佛法思考的角度不同，不同的时代社会有不同的需求。每一个宗都有自己的本经，《妙法莲华经》是天台宗的重要的经典，净土的本经是《阿弥陀佛经》等。本经不同，法门不一。佛陀八万四千法门是因人、因地而异所定，说的却是一个法，不同人、不同场合佛就用不同的方式、方法引导。开示方法、路径不同，慢慢就形成宗了。佛陀灭度几百年后的印度，也出现了很多"宗"，但目标是一样的，视缘起而定。在中国，突出缘起性空的三相宗，一念三千、止观兼修的天台宗，

动静皆修，释儒圆融

都是法门不同，方便有异，目标一致，都是培养信众的自力。因为要提升不能只靠外力，要培养自力，最终发菩提心。现在我们多数寺庙都是禅、净兼修，这固然是时势使然，有利于普度，但我认为这还不够，不利于佛学的总体发展、提高。其他宗，特别是律宗和唯识还是要发展的，虽然它很难。我仿照偈语写了两个偈子来说这件事，第一个偈子："花有多叶，教有其宗；兼收并蓄，有本圆融。"这是说佛教历史上有八宗，学佛的人到一定水平要对各宗都有所了解，但是要皈依一个宗，否则就乱了。圆融，可以看到各宗之间是相互沟通的。我们不能说在天台宗里就没有禅宗的东西，没有华严的东西，只不过重点不同，视角不同而已。第二个偈子："万法无法，方便多门，殊胜非一，菩提为真。"佛教有一段时间也产生过门户之见。如果认为自己这一宗才是殊胜的，就违背了佛法，阻碍了佛教的发展。"殊胜非一"，关键是"菩提为真"。

第三点，动静皆修。学诚法师曾给大家开示，"上从佛道是静中修；下化众生是动中修"。我是这么体会学诚法师的意思的：如果一个人不静，心猿意马，声闻不入，就不能悟道。因此要得佛法就需要静，安静了就可以慢慢走向纯净，纯净了，就升发出敬。对谁恭敬？对佛陀，对为弘法做出无数贡献的众菩萨，对历史上的高僧大德，对真理，一句话——对三宝。只静不动也不行，不动形同枯木，停留于知，就不得解脱，不得阿耨多罗三藐三菩提。下化众生，就是行、证。怎么证呢？我说点个人体验。我教学生，学生进步了，当我说一个道理，刚说半句，学生已经把下半句的意思理解了，这是知识；当我开导一些人，他从失望变成有希望了，有自信了，生活改变了，——我这时的愉快是言语无法表达的，同时我也得到了提升。佛经常说"不可言说"，真是如此啊！到了这种境界真是不可言说，只有自己能感觉到。这是证的一端。我非常赞成学诚法师的开示：动静皆修。历史上高僧大德也有很多这方面的教导。《华严经》说："忘失菩提心，修诸善根，是为魔业。"关键是不能失掉菩提心。因此我又有四句偈："持守大乘，生大愿力，利乐有情，转化无明。"

第四点，法不外求。这是历代高僧大德反复说过的。《坛经》上说："佛法在世间，不离世间觉。离世觅菩提，恰如寻兔角。"兔子什么时候有过角？离世觅菩提，永远找不到。法不外求，向哪里求？在自性上求！闻思修的思，其中有一个方面就是要反思自身。要用佛经上的话或师父开示的话真正对照、反思自己过去所作所为，反思自己的眼、耳、鼻、舌、身、意是否洁净，受想行识是否纯正；意有所蔽，是否敢于自责？自性在哪里？是善的还是恶的？上面有灰尘没有？行是否发自自然？行中是否证得菩提？有尘埃，拂拭去了么？

（慧能大师说"本来无一物，何处惹尘埃"指的是已证得阿耨多罗三藐三菩提，我们学佛者的"明镜台"还是有的。）自己做的善事是发乎自然，还是因为师父这样教导才强制自己做的？如果确实发自自性，那就和佛陀的教导吻合了！

各位善知识，我们每天都要看电视，在座各位不管是善男子、善女人，汶川大地震的时候谁没有流过泪！为汶川人民所遭受的苦难流泪；为我们战士的精神流泪；为我们的志愿者，包括我们很多出家人舍身救难流泪。当在网上读到那些为汶川所写的撕人心肺的诗歌时，我们也会流泪。这就是发自自然，没有谁强迫你，没有谁要求你。行到这样的境地，还要反思：我的行中有否证得菩提。我想，这样的反思就是自净其意。不管在家、出家，有罪当忏悔，忏悔得安乐，如果没有悔恨之心，那就永远是痛苦的。"初发心时便成正觉，知一切法真实之性，具足慧身不由他悟。"《维摩诘所说大乘经》："汝等便发阿耨多罗三藐三菩提心，即是出家，是即具足。"出家也是一种方便，在家也是一种方便，都可以发阿耨多罗三藐三菩提。因此我们讲人人都应发四弘愿："众生无边誓愿度，烦恼无尽誓愿断，法门无量誓愿学，佛道无上誓愿成。"我认为发菩提心就是觉悟，让自己觉悟是学佛的出发点，也是学佛的归宿。

三、修学的科学性

1．世界"轴心时代"

德国学者提出，公元前200年到公元前800年这段时间里，尤其是公元前500年左右，世界出现了四个伟人——佛祖、孔子、亚拉伯罕和柏拉图。佛祖创建了佛教，孔子开创了儒学，亚拉伯罕创建了犹太教（后来由犹太教派生出基督教、天主教和东正教，借鉴基督教又出现伊斯兰教），柏拉图——古代希腊的大哲学家，代表他们那个时代的思考。当时没有今天的交通和信息传输工具，然而这四个远隔万里的伟人却都在思考人类的几个重大问题，并且给出了自己的答案。从那以后两千五百年来，人类生活、社会发展实际上都在遵循着他们的教导，后世智者们的思考研究直到现在也没有超出这四人所划定的范围，所以西方学者称那段时间为世界的轴心时代，意思是两千多年来整个世界都在围着他们的学说转。

2．形成"轴心时代"的原因

为什么这时产生四大伟人？为什么那一时期成了轴心时代？第一，这时的东方不管是游牧还是农耕都发展到了一定的水平，解决了基本的衣食问题，可以使有些人空下来思考问题、创作，也就是思想专业人士出现了。第二，人群开始有组织了，有的是部落，有的形成

173

动静皆修，释儒圆融

固定的家庭，有的扩展成家族，有的形成了国家。哪里还是部落呢？犹太——主要在今天的迦南、黎巴嫩、叙利亚等阿拉伯地区，已经有家庭了，但是没有形成家族。为什么？家族需要稳定，生了几个孩子，有了一群孙子，都住在一起。如果儿子成人后就远走高飞，与父母很难联系上，就形成不了家族，而游牧做不到这一点。什么地方形成了国家？中国和印度。柏拉图时希腊有城邦国家，一个小城就是一个国家。照这个标准中国的城邦就多了，哪个诸侯没有大批"城邦"？但诸侯有城而非邦（在古代邦、国同义），周天子管辖的才是邦，真正形成国家就是中国和印度。

社会和国家组织为什么对形成轴心时代有直接影响？因为人群稳定聚居就有人和人的关系问题，就要考虑人和大自然的关系——天人关系问题。动物对死亡不恐惧，大约人成为人、人开始群居时就产生了对死的恐惧，对生的渴望。如何理解生和死呢？人死了到哪去了？死了怎么处理？为什么婴儿出生呢？这些问题随着生产、社会、文化的发展，特别是有了"专门家"后越思考越深。"轴心时代"四大家继承、总结并发展了此前人类无数年代的思考，于是形成了各具特色的思想学说。

3. 东西方文化的差异由此而生

《圣经》的旧约、新约，《古兰经》、《奥义书》

都没有记载描述开宗大师是如何苦思冥想的，唯有在佛教《阿含经》及其他一些经典记述了佛陀怎么苦行、苦思，最后在菩提树下悟道的过程。我们现在只能说，从轴心时代留下的经典看，那时东西方文化的差异就很明显了；至于此前的情况，可能人类永远不得而知。

几位伟人的思想是怎样形成的？用佛教的话来说，法缘何而来？佛陀所说法，是他吸收、总结了当时的外道以及婆罗门教种种学说，结合对当时印度社会状况和对人生种种苦厄的观察、冥思，总结出来的。儒家学说是孔子总结了夏商的生活、治国经验，结合春秋时期礼崩乐坏的现实提出的。两百年后，孟子又把孔子学说的核心"仁"细化、深化，其实也包含了他对所处时代社会生活的观察和他对"仁"的体验，是经验性的。根据西方宗教经典可知，其教旨是上帝教导的，至于上帝是从哪儿来的，不需要论证，他就是存在的，是绝对的。一个是生活的教导，一个是神的教导，这是东西方文化一个根本而又根本的区别。

西方思想直到今天仍然是二元对立的，这个二元对立由哪出来的呢？由其信仰。上帝是造物主，是无需证明的实在，我们所看到的现实的一切，包括人自身，都是上帝创造的。造物主永远不会成为被创造的，被创造的永远成不了造物主，二元对立。用以分析社会，不同信仰之间自然也是对立的，打斗的。佛教是一元圆融，万事万物就是一个法，法即无法，无法即法。承认事物的复杂多样，同时看到事物间的种种依存关系，这就是圆融。因此中国佛教分成几宗，各宗间是圆融的；佛教和儒家、道家也是圆融的。

西方宗教说上帝按照自己的形象造人，希望他好，但是人不听上帝的话，偷吃禁果，兄妹乱伦。人类的老祖宗犯了罪，我们都是亚当夏娃的子孙，因而我们生来就有罪，即所谓"原罪"。生来就有罪，也就是生来"性恶"。佛教和儒教与此相反，认为人之初性本善，所以能够明心见性，所以说人人皆有佛性。

了解了轴心时代所创学说的差异，我们再观察今天世界的种种现象，就会理解得深一些，就会更觉得佛、儒之可贵，也会感叹文化一经定型，其影响之深远。

不同文明之间应该对话——彼此交流，相互学习。不要你打我，我打你，你干你的，我干我的，应该你学我，我学你。完全融合是不可能的，也不应该合二为一。

4．一个新的"轴心时代"即将产生？

现在世界已经进入高度发达的工业化时期，或曰信息化时期，轴心时代所提出的问题、所形成的观念如何适应当今，这是摆在人类面前的最大问题。历史实践证明，再按二百多年来的路走下去是不行的，人类应该深思未来方向、生活方式、社会形态，总之，研究人类和与人类有关的种种关系。因此，是不是世界又到了一个新的转折点，一个新的轴心时代，将形成或提出人类未来若干世纪生活、发展的理论、学说和信仰？这个轴心时代的大师在哪里？应该就在各种关于人生、社会的学说的继承人里吧。未来的大师应该是大通家，以一家为主兼收别的学说。从这个角度说，今天世界的主要文明，包括中国的儒、释、道，从现在起就应该扮演起主要的角色了。

四、释儒圆融

现在谈"释儒圆融"，可以说就水到渠成了，无需多占时间。从四方面来看二者的圆融：修学目标、修学法门、修学精神和弘法境界。

修学目标就是价值观念。因为今天来了许多年轻人，我说得现代一点：就是自我价值。修学法门，也就是修学的方式方法。修学精神，就是锲而不舍的毅力。弘法的境界，即无法无我。

1. 修学目标

佛教追求的最终目标是成佛，是高于罗汉果、菩萨果的最高果位。要成佛，需要经过千百亿劫的艰苦努力。儒家追求的最高目标是成圣，这也是一个极高的目标。只有一个孔子被后人尊称为圣人，但是他自己并不承认，说："若圣与仁，则吾岂敢？"但他确实是圣人，孟子说孔子是"圣之时者"，而孟子自己被后人只尊为亚圣。要成圣需先成为君子，由君子进而成为贤人。谁是贤人呢？古人说了，了不起的伊尹、子产才是贤人。

佛教在心灵上证得菩提；儒家要尽心、知心。明代王阳明提出来"致良知"，所谓良知就是人的本心。人们常说"天理良心"，天理和良心都是宋明理学的话。学佛到一定境界就圆融无碍了。孔子曰："吾十有五而志于学，三十而立，四十而不惑，五十而知天命，六十而耳顺，七十而从心所欲，不逾矩。""志于学"就是立志于学，即以学先圣先贤的遗教、学为人治国的道理为志向。"立"是确立人生目标，即要永远提升自己的道德品格。"不惑"，是指更坚定了，对所学的没有任何疑惑了。之后再经过十年的修炼，"知天命"，懂得了一切都是有因缘的。"六十而耳顺"，再修炼十年，不管什么人说什么话，包括骂自己的话，都能从中吸取营养。再苦学十年，到七十岁了，任己所为，并没有经过思考就说了、做了，却完全符合道德规矩，也就是"圆融无碍"，"发自本心，出自自然"。这是佛、儒的目标一致。

2. 修学法门

佛教讲"闻思修"，儒家讲"学思行"。王阳明说："知而不行，只是未知"，知道却不去践行，也就是言行不一，那个"知"是没用的。佛教讲"明心见性"，孟子提出"万物皆备于我，反身而诚，乐莫大焉。"曾子曰："吾日三省吾身——为人谋而不忠乎？与朋友交而不信乎？传不习乎？"每天要从三个方面反省一天之所为：替别人（实际是指为国君、卿大夫，也就是为国家）出谋划策，是不是完全忠信呢？和朋友交往时，说话做事，有没有不真诚的？"传不习乎？"这个传[zhuàn]有人念传[chuán]，也就是自古圣贤的遗教是不是温习了？这三个方面一个是继承先圣先哲的问题，一个是平等的交流问题，一个是治国问题。

孟子说："道在迩而求诸远。"道就在你身边，就在你行住坐卧、挑水、种菜之中，不从此处着眼着手，非要到远处去找，能找到吗？宋明理学家说"道不外索"、"求其本然"也是这个道理。佛教讲"法不外求"；慧能大师说："自性本自具足……"也是说别到处去找，佛就在你心中。很多佛教公案，机锋都提到这一点。孟子承认"人皆可以为尧舜"，佛经则讲"人人皆有佛性"，道理相同。人人之所以能成尧舜是因为人性本善，人人都有自己的本心，人人都有不断提高的基础。孟子说"仁义"（相当于佛家的佛法）就在我身上，是上天给我的，天生的，"不由外烁"，不由外界照耀他，启发他。这不也是法不外求的意思吗？

3. 修学精神

佛教讲"无缘大慈，同体大悲"；儒家提倡"仁者爱人"，"四海之内皆兄弟也"。兄弟就是手足，你不爱吗？佛儒是一样的心胸。地藏菩萨说"地狱不空，誓不成佛"，永远在世间来超度人。《论语》说"杀身成仁"，孟子说"舍生取义"，都是一种伟大的献身精神。学佛学到最高处，就跟儒学学到最高处一样，语言是没用的，表达不了的，只有自己心里明白，即所谓"不可思议"（就他者说）、"不可言说"（就"我"说）。佛教"拈花而笑"的故事，《维摩诘所说经》说文殊菩萨请维摩诘开示，维摩诘却默然无言，于是文殊菩萨说："啊，这是不二法门。"心息相通，当下即明。大家看《五灯会元》、《高僧传》等等，里面有很多公案，很多的机锋，都是意在言外，让你领悟语言不能表达的东西。儒家也早就提出了这样的理论。孔子有一次对弟子说：你们不要以为我对你们隐瞒了什么，我能传给你们的都传了。意思是就在我平常跟你们问答当中，就在我抚琴当中，就在我对盲人行礼时，就在我搀扶盲人登堂入室时告诉他"阶也"、"户也"、"席也"过程中。无言之教才是最精微深刻的。孔子弟子说"夫子之言性与天道，不可得而闻也。"孔子不是天天说人之性和天道，而是在无言中体现着他对性与天道的体悟。

4. 弘法境界

《论语·先进》记载孔子跟几个弟子（子路、曾皙、冉有、公西华）座谈，让弟子们谈谈自己的志向。子路抢先说我能治"千乘之国（即大国）"，冉有次之，说"可以治小一点国家"，夫子哂之（笑不露齿谓之"哂"）。公西华一看老师的表情，觉得他们说大了，自己说小点吧："我不能说治国，也就是祭祀的时候可以做个主持"。有一人始终不说话，就是曾皙。孔子问："你呢"？他正在鼓瑟，老师这一问，停下了，把瑟放在席上，说"我跟他们都不一样"。"那你说说，没关系。""我就是想啊，到春天，春装穿定了（即天气不再冷暖反复），带着几个人去游泳，然后登上求雨的台子上，吹着凉风，唱着歌回来。"孔子说：我赞同你的。是不是孔子想退隐，去过悠闲的生活，不再准备出去治国？不是。他是告诉学生一个道理：对于世间的一切事情都要能放下；要一生乐道，时时提高自己，追求天爵才可能有人爵。佛家的话就是不要执著。这是一个更高的境界，这种境界是说不出来的。就在游泳、吹风、"咏而归"之中。就是这种状态，怎么能描写出心情？一句"吾与点（曾皙）也"，尽在其中。前面三人俱是执著，曾皙并非不想出仕，而是不执著。孔子最喜欢的弟子颜渊不幸早逝，孔子赞他"一箪食，一瓢饮，在陋巷，人不堪其忧，回也不改其乐。贤哉，回也！"不改其乐，颜渊乐的是什么？这是儒学里的一大公案。颜渊乐的是得道，那个道和得道后的乐不可言说，只有自心能够体会。

"为什么修学"、"怎样修学"、"修学的科学性"和"释儒圆融"这四方面是相通的。到此大家会不会说：我别学佛了，和师父告别，找许先生去学儒家经典？不！相通是相通，学佛者当以佛所说法为殊胜，为究竟。别的教，道教、儒学等等不要拒绝，这些都是加持之力，没有加持之力进步慢。龙泉寺的出家人都在读儒家经典，我想师父是让你们增加加持之力。真正的力是自力，自力来自哪里？来自佛经，来自坚定的信仰。有人从事儒家，就以儒家为主，拿别的来加持。坚定信仰，不能动摇，这跟西方不一样。在西方，信奉某教派的人要嫁给信奉另一宗教或教派的人，就可以立即改变信仰。信仰岂是一夜之间就能改变的？如果是那样，那就不是信仰。佛学有严密的体系，不是三年、五年能把握的，佛教最终是引导人们走向真理之路的，所以不要放弃。

最后我献给大家六句话作为结束：

法轮常转，佛光普照，世人解脱，国泰民安，大慈大悲，世界和平！

我们企盼的就是国土净，天下净，世界和平！

谢谢大家！

答 问

问：许先生您好！您提到说放眼历史，说历史是不断前进的。我想问：您从哪些方面去判断历史是在前进？在您提到的轴心时代出现的几个条件里面，从生产力的发展到有了社会组织，是不是从这些方面去判断？还有一个问题，许先生提到孔子一生从"十五而有志于学"到"七十从心所欲不逾矩"，能不能请许先生就自己一生的经历和体悟给我们讲一下？谢谢。

许嘉璐（以下简称"许"）**答**：（笑）我虽不是像各位已经是真正的佛弟子，我是"非不为也，是不能也。"我还是以佛弟子的心态来回答这位居士的问题吧，也就是讲实实在在的话。

历史前进怎么评价？我想，历史发展的真正动力还是生产力、生产关系，因为它是解决人类生存发展的物质基础；另一个标准就是人类精神境界的不断地提升。

在当今世界，宗教何以重要？全世界近六十六亿人口没有宗教信仰的大概是将近十亿左右。没有宗教信仰可以有别的信仰，这十亿左右没有宗教信仰的有八亿在中国，但是这八亿人里，有的信祖宗，有的信土地，有的信儒家，有的虽说自己不是佛教徒，但是初一、十五要到庙里烧香，也应该算在有信仰里，确切数字是难以统计的。现在我国的信仰在恢复，西方的信仰在沦落。科技越来越发达，将来从纽约飞到北京可能就用三小时，但这并不是历史的前进。人类的精神不提高，历史不会写出新的篇章。这也是为什么党中央、国务院一再强调文化建设的原因。如何判断历史前进的标准，目前并没有一个统一的认识。

首先，我们要恢复我们的信仰。随着时代的前进和中国人为己为他、利己利他精神的不断提高，信仰会慢慢恢复。当然这很困难，不仅佛教困难，儒学也困难，道家也困难。为什么？西方文化的阻碍。西方文化进入中国并不都是破坏性的，但其中相当一部分是仅仅诉诸感官，刺激食与性的，是对人类精神的提高不利的。

佛经上说"人身难得"；儒家说"人是万物之灵"，"人之有道也，饱食暖衣逸居而无教，则近于禽兽。"因为只解决了食和性的问题。孟子又说："人之异于禽兽者几希"。就差那么一点点，往这边一走是人，往那边一滑就成禽兽，掉进畜生道。现在有些形态文化就是要把人类经过几百万年好不容易才得到的人身，又拖回到动物界去。人的喜好谁都无权干涉。有人喜欢跑到悉尼歌剧院外脱光了来表示一种"艺术"，这是他们的权利，澳大利亚法律也允许，但是其他人可以欣赏，也可以不欣赏。我就不欣赏，因为觉得就跟进了动物园一样。还有的运动项目把对方往死里打，在我看来还不如禽兽——动物在同类之间一般还不致对方于死地呢，我们听说过老虎吃老虎吗？我想，历史的进步，就是人类通过不同的渠道，不同的信仰——崇高的信仰，把人类的思想境界不断推向新的高度。

我们个人怎么解决六十六亿人的问题？只有先从我做起。这辈子不断地追求高尚。一生可能没有几百平方米的别墅，没有奔驰车，但是精神是富足的，是纯净的，工作是尽心尽力的。其实，钱在很大程度上是为让别人欣赏、羡慕的，而头脑里的东西别人看不见，可能没人欣赏，但自己努力也并不是为他人欣赏，是为心安；做好事不求回报，法是不求报的。这才是最高的境界，这才是出于自然。如果总想着布施龙泉寺两千元钱后师父们就会怎样对我，您就别给了。是不是啊？（众笑）倒过来说也可以，他给我两千元（众笑）。

说说我个人的体验。我十五尚未"志于学"。十五岁，我已经上高一了，只"志"于玩儿；三十，我立了一半，作为一个大学老师，立志做一个好老师，老老实实教书，老老实实做学问，这个境界是不够高的；四十，追上来了，基本上到四十岁吧，对我所确定的人生道路，不再存有疑惑，从那时起也从没有动摇过；五十，开始跨入政界，知天命了，因缘如此，随缘吧，全力以赴，这样过了二十多年；六十，并没有马上耳顺，我这人脾气有时候有点急躁，但已经懂得从任何东西里，从关于我的和无关于我的言论、事情当中吸取营养；七十从心所欲不逾矩，说得真准哪！为什么？我在七十岁以前，在我的职位上，需要按照国家和法律的需要做事情，很多时候"从"不了我的心，想做的事做不了。当然在领导岗位上做的事既是民之所需，也是我之所欲；但退下来后毕竟不同，真是从心所欲了。关键还不是从己心之所欲，而是要不逾矩。说老实话，我几乎没有时间像大家一样静修冥思，往往来了人或事，需要马上做出反应，这个事情做，那个事情不做，这个事情那样做，那个事情这样做，回头看看从未"逾矩"，即没有超越先圣先哲归纳的准则。

总结自己这一生，确切地说，从二十几岁开始吧，关键是对于儒学、佛学没有一日停止过学习，除了生病。不仅仅从书面上学，而且是按照闻思修、学思行去做的。我给我看书的屋子起名叫"日读一卷书屋"，这是在我最忙的时候、一个人承担几个人工作的时候起的，意思是不管多忙多累每天必须读一卷书——古书一卷的篇幅。几十年来，包括出国，在飞机上一坐十几个小时，都要读完一卷书。点点滴滴，日积月累，学问未必有长进，但自认为心境在提高，所以，我整天乐呵呵的！（听众笑，鼓掌）

问：我有两个问题想请教许教授。第一个问题是，我看到《地藏经》里面说，一个人在世上修学，最重要的事情就是发愿，发愿是一个人的本性，一个人的本性其中最重要的就是孝。我联想到，我以前读的《孝经》里面说"孝，德之本也"，我想问这是不是也是儒佛圆通的一个体现，许教授是怎么看的？第二个问题，我本人也是农民工的后代，我上学期间每年的寒暑假都往返于湖南老家和父母打工的广西桂林，所以也很能体会到这些子弟和父母团圆的感受，我向许教授以及许教授所领导的这个救助团队表示至诚的感谢！我本人也一直对农民工子女的教育非常关注，想问问许教授"社会救助基金会"在这方面还有什么其他的项目，使我们能贡献上自己的一份微薄之力。

许答：第一个问题，"孝悌也者，其为仁之本与？""君子务本，本立而道生。"这是儒家对华夏生活经验的总结。中国是全世界最早进入农耕社会、农业最为发达的国家。农耕需要土地、生产工具、生产技能。弟兄们如果老打架，地就别种了；如果跟邻居老打架，你报复我，我报复你，就会总生活于紧张之中，贻误农事。因此，"和合"思想就产生了。家庭内部怎么处理？孩子的身体是父母给的，孩子的知识、技能、生存的条件是父母留下来的，子女就要感恩报恩。儒家讲"父慈子孝"，认为是出于人的本性。从自发上升为自

动静皆修，释儒圆融

觉，孝心、仁心，推及家外，对所有老人都会敬。父母对每个孩子都那么疼爱，孩子们认识到我们是一体同胞，一个胞胎里出来的，也应该像父亲、母亲一样爱自己的弟兄，这就是孝悌。家庭和睦了，邻里和睦了，全城不也和睦了么？古代所谓国，就是指的都城，或者诸侯国，所以，儒家提倡"修身、齐家、治国"的理念。

佛教讲报"四重恩"——"国土恩、佛祖恩、父母恩、众生恩"。没有国土，哪来的我们；没有父母，哪来我们的人身；没有佛陀，我们哪来的觉悟；没有众生，我们吃什么、喝什么？我们一天都活不下去。办盂兰盆节是为什么？就是宣传孝道，报父母恩。在这一点上，的确像你所说的，释儒是相同的，是中华文化的特色，和其他文化，特别是和基督教文化很不相同，他们没有尽孝的观念。

第二个问题。"中华社会救助基金会"，就是怀着知恩、感恩、报恩的思想来为农村的困难群体做点事情。基金会救助的主体是农村的孤寡老人，他们是弱势中的弱势。农民工也是弱势，但还有媒体关注他们，还有政府替他们说话。那些孤寡老人，有的身体不好，有的甚至已经痴呆，对着话筒都不知道说什么。你们看到过关于孤寡老人的报道么？不久前，基金会授予秦皇岛市"最具爱心城市"的称号，我在讲话时说：这些老人，他们也有年轻的时候，但他们一辈子面对黄土背朝天。我年轻时每天吃的馒头、喝的小米稀饭可能就是他们生产的，但他们是无名英雄，麦粒、米粒上不会刻上他们的名字。现在他们老了，虽然国家关注，但也只是基本生活保障。如果我们每人捐200元钱，可以解决他很大的问题，老人们想买点什么就买点什么，更重要的是，他知道千里以外还有个人惦记着他。老人最怕孤独，给他200元钱或一些日用品，他可能高兴几个月，这就可能延长他的生命。我们应该明白，我们来时赤条条，是护士给你洗第一个澡，用的水不是爹妈生产的；包你的被子不是爹妈生产的……那都是无名的工人、农民生产的；最后我们走时，火葬场的工人是不相识的；离开众多的"他人"我们能活么？能死么？（众笑）因此，我们对所有的人都要抱着感恩的思想。我们的基金会也尽力关怀农民工子弟。城里的房子、道路、日用品都是外来工建造、生产的，没有这些农民工，我们能有今天的生活么？我对佛教讲的"无缘大慈，同体大悲"有切实的感悟。

　　谢谢！

　　（来源：新浪网"学诚法师的博客"）

动静皆修，释儒圆融

为儒学，为中国，为世界

——在山东大学儒学高等研究院成立大会上的致辞

（2010年4月21日，山东大学）

各位领导，各位专家，老师们，同学们：

山东大学儒学高等研究院的成立，是中国人文社会科学界的一件重要事情，是山东省建设文化强省过程中的一项重要举措，也是山东大学抓住机遇加快发展内涵的一件大事。今天，有这样多的领导、专家和老师、同学到会，可见大家都认为这件事很重要。

山东大学儒学高等研究院是在这样的世界的和中国的文化语境中诞生的：经济全球化和科技现代化在给世界许多国家带来发展机遇的同时，也严重地冲击了各国、特别是发展中国家的文化传统，毁坏了各个民族历经千百年形成的宝贵的价值观。中国作为最大的发展中

国家，自然更不能幸免。其实，即使是发达国家也在经受着社会断裂、人心混乱、江河日下之苦，虽然当政者未必感受到了

这种社会的痛楚和趋势，虽然他们即使感到了危机而百思不得其因，虽然"百足之虫死而不僵"，空前强盛的帝国的衰落需要百年左右的过程，而在其缓慢演变过程中更多的是保守者、麻木者和欲振而无方者。

现在是一个物质至上、金钱至上、技术至上、个人至上、消费至上的时代。在这个看似无法阻遏的大势中，人们获得了很多很多，包括我们这些在场的人们；但是，似乎我们失去的更多更多。得到的，是物质生活的基本保障和便利，这些对于很多人或者早已超出了个人和社会为了不断前进所需要的上限；失去的，则是不断前进的根本动力，是人之为人的根本特征与价值，是精神的家园，是灵魂的归宿。

中国，在经历了百年任人肢解、备受凌辱的炼狱之后，通过流血牺牲，奋起屹立了；但是，民族的肌体又在经受已经吞下去的激素的折磨。这激素，就是被描绘成或被误解为完美无缺的绝对真理的一整套希伯来-欧罗巴文化。它让我们厌恶自己，尤其是厌恶以孔子为代表的我们聪慧的祖先留给我们的丰厚精神遗产。

近几十年来，西方学术界不断提出对其自身文化的质疑、批判和重构，并且这一思潮已经逐渐成为西方思想界的主流；与此同时，其中不少人开始注意东方文化，尤其是中国文化中惊人的智慧；其后，恰好中国也开始了一个重新认识自己的过程，当前所谓的国学热、儒学热就是这一过程的学术表现。西方思想界的反思和对于东方文化的关注，以及中国自身对精神遗产的反刍，这三者将要或者已经、正在汇合成一体，成为中国的和世界的思想界最活跃的洪流，因为这是世界未来的需要，是人类摆脱人造的神话和由此而生的缠缚着人类的梦魇、争取永世和平幸福的需要，是符合人类成长、文化发展之道的历史必然。

我们重新认识自己，自然会按照各个民族文化和思想的规律从又一次解读先圣前贤开始。儒学之所以在今日得以再兴者，以此。换言之，身处二十一世纪的我辈，对中国人几千年来所走过的道路的再认识，对中国文化的主要支柱儒学及其实际的开山祖师孔子的再认识，不仅关系到中国百姓的精神、社会的和睦、国家的未来，还与未来世界的走向息息相关。我们坚信，经历了几千年来维护着、激励着中华民族屡挫而愈强的历史检验，儒学在当下和未来一定会逐渐拂去历史的尘霾，为各国人民所了解和赞赏，一定会为人类未来的精神家园增添新的营养和活力。这将是中华民族在新的历史时期为人类所做出的最大的贡献。

在中国九百六十万平方公里的土地上，保留着孔子及其同时代贤哲们的遗迹，以及可以帮助我们追寻他们光辉思想来源的地上、地下遗存的，唯鲁为多；千百年来，受到儒学浸润，在两千五百年后的今天，在市场经济浪潮中还能从百姓日常生活中明显看到鲜活存在的，也唯鲁为最。百年老校山东大学，可能正是由于处在这样的土壤和氛围中，所以过去形成了重人文学科的传统，并且成为研究与弘扬中国传统文化的重镇。现在，则凭依着山东大学历史文化积淀之厚，加之今天校内外学者们的深厚学养和质朴学风，有赖于主持校务诸公的宏伟气魄、非凡胆识和实干作风，山东大学成立儒学高等研究院，几乎事属必然。今天高等研究院的诞生，就是山东大学珍惜传统、审时度势、把握机遇的结果，更是勇于以天下为己任的具体体现。

在这件大好的事情中，唯一不足的是聘我为第一任院长。以我的学识、功力，岂能当此大任？百谢未果，只能暂时承乏。我绝不是在说客套话。我心里很清楚自己的水平和能力与研究院院长的职责间有多大距离。高等研究院从它出生的这一刻起，就将承载起极为沉重的历史责任。全校师生之望，全省人民之望，全国和世界各国同道之望，如是其重也！传统凋零，知行脱离，浮躁遍地，板凳益冷，如是其难也！意见蜂出，难衷一是，如何使儒学与时俱进、和当下时代精神相结合，更是待解的世界级命题。以我浅薄的训诂学和儒家经典的知识基础，又怎能像在座诸公那样把握博大深厚的儒学，肩起如此沉重的重担！思忖再三，我所能做的，也就是依靠校内外专家和研究院的领导集体，在团结同仁、聚集众智方面略尽绵薄而已。

此刻，我最期盼的有三件事：一是研究院能尽快地涌现出年纪更轻、活力更足、业务更硬、管理更强的学者接替我；二是能"得天下英才而教育之"；三是全院能做到"博闻强识而让，敦善行而不怠"，古以此为君子，今则可称为真正的"公共知识分子"。我相信，我们一定能够做到这三点，因为这些都是儒学欲进则必备的内在要求，甚至可以说是起码的要求。

我们深知儒学研究的内外之难，但是，我又是有信心的。这是因为，研究院从酝酿之日起就得到了省里领导和各个方面的关怀和支持，得到了山东大学有关的系、所、院同仁们的鼎力促进，在全国首创了省校共建的体制和机制；加之现在国内外研究儒学的环境和条件恐怕是近百年来所罕有的，只要大家相互激励，淡泊宁静，锲而不舍，和国内外同道携手而进，积以时日，我们是可以为山东，为中国，为世界做出可观的贡献的。

各位领导，各位专家，老师们，同学们：

世界已经走到了一个新的十字路口，下一步迈向何方？这将由自觉了的人类进行艰难而痛苦的探索和选择。作为儒学的传人，我们当然主张和合的哲学、仁义的伦理、纯净的人性、和谐的世界，当然希望与其他文明共存相融、与各个民族一起，为人类创造新时期的新文化，与此同时，使各个民族文化的特色也得到更好的保存和发展。在这过程中，自然会出现扬弃、创造，乃至论诤。好在智慧的往圣先哲已经给我们留下了百家争鸣、三教相融、内外兼蓄、彼此辩难、相互吸收，最终各方受益乃至纷纷出现新高峰的宝贵经验。如今，人类的视野较之古人更为广阔，"及其至也，虽圣人亦有所不知焉，"中华传统文化中海纳百川、虚怀若谷的胸襟将成为儒学高等研究院的品格，并且以此接纳所有的同道乃至整个世界。作为研究院的首任院长，我以儒家自古强调的"诚意"，恳请在座的和未能到场的国内外学者时时往来，坐而论道，不吝赐教，共襄斯业。

　　"人能弘道，非道弘人。"我愿与研究院全体师生共勉！

　　谢谢大家！

跋

　　这里所收的，是我这两年和佛、道、基督、犹太各教代表人物进行交流谈话的记录，计十四篇。我还曾和伊斯兰、神道以及婆罗门等教人士面对面地交流过，可惜当时无心，没有录音和记录；即使与佛、道、基督和犹太诸教的交流，也不只此书所收的这些次，也是由于同样的原因而无法收入。好在这种"零距离"交流谈话的机会还会有，将来或者可以再给此书进行补充吧。

　　我之所以愿意和儒家之外的各种文明——其根源和代表即其宗教——进行交流，是基于以下想法：

　　近三百年来，世界进入了文明多元化理论和实践跟一元化理论和实践并存并激烈博弈的时代；自上个世纪之末经济全球化加速推进以来，这一博弈日益凸显。这一比拼的结果，将决定人类未来的命运。多元化是人类文明的本质属性。只有多元，各种文明才能相互接触、欣赏，吸取自身发展的外动力，以适应、维护并促进不断演变前进的社会生活和世界形势。换言之，如果文明单一，或虽内部多元，而缺少和外部足够的接触，则这种文明必然要渐渐衰微，乃至消亡。如果着眼整个世界，则可以预计，文明的单一化也将预示人类的停滞、倒退、灭亡。当然，文明有着超出人们想象的伟大力量，其本质属性和进程是任何人无法改变的，因而人类文明的一元化只是想象中的，理论上的；但是，如果任由那种文化一元化（或曰一体化、单一化）的理论和实践横行于世，则世界必然更加混乱，饥饿、战争、恐怖、死亡……将时时光顾人类。因为文明有着拒绝异质者的本能，所以"一元主义"为了实现自己想象中的情景，就要诉诸刀枪，虽然平时主要是靠人人喜闻乐用的文化形式和物质产品。这已由许多事实所证明，绝不是耸人听闻。明智者，当前必须向人们揭示文明多元化的必要和必然，以抵消相反理论和实践的影响；然后，经过若干年代的努力，使世界真正成为友善、包容、和睦、幸福的家园。

人类需要的那种坦诚的、善意的、意在求得相互了解、理解的交流，现在通常称之为"对话"。这种对话，往往从学者开始。因为学者的思考有着比政治家、企业家、军事家更为宏阔的知识背景（历史的、哲学的、文化的等）和更为深刻的对历史和社会走向的关怀。我，似乎生来有着类似中国古代"士"的自我认定和担当，就自然而然地开展了和各种文明的对话，其成果的一部分，就是这本册子。书名"为了天下太平"实则即"为万世开太平",出于对大儒张载的敬畏,我变而名之。

在我之前,已经有很多学者在不同的场合进行了和不同文明的对话,但大多没有集成发表。赵启正院长曾和美国大主教保罗进行了长时间的对话,成果即著名的《江边对话》一书(有中、英文本)。与之相比,我的这些对话,还欠深入,常常不能就着学理深谈,而如果双方不能就各自文明的哲学、历史进行交流,则难以真正认识、理解、欣赏对方。不足和遗憾主要是当时的时间、地点、对象等条件所致。对于我来说,既然有了开端,就会继续做下去,或许成绩可以越来越接近我的理想。

但愿如我所进行过的这种对话,逐渐多起来,那样,也许会影响到对话双方的社会,使文明"多元主义"成为世界思想和舆论的主流,从而真正形成阻遏邪恶和霸道的堤坝。那将是中华民族之福,世界人民之福。

本书编辑、出版匆促,全赖各位整理者的辛劳和华艺出版社上下的高效工作。在此我不能一一列出帮助过我的各位的名字,谨在此一并致以诚挚的谢意。

许嘉璐

2010年9月12日凌晨

于香港旅次